人文社会科学通识文丛 | 总主编◎廖 进

关于**科学**的100个故事

100 Stories of Science

霍致平◎编著

南京大学出版社

图书在版编目(CIP)数据

关于科学的 100 个故事 / 霍致平编著. —南京：南京大学出版社，2014.4 重印
（人文社会科学通识文丛 / 廖进总主编）
ISBN 978－7－305－06171－4

Ⅰ. 关… Ⅱ. 霍… Ⅲ. 科学知识－青少年读物 Ⅳ. Z228.2

中国版本图书馆 CIP 数据核字(2009)第 086823 号

本书由北京红蚂蚁文化发展有限公司授权独家出版中文简体字版

出 版 者	南京大学出版社		
社　　址	南京市汉口路 22 号	邮编	210093
网　　址	http://www.NjupCo.com		
出 版 人	左　健		
丛 书 名	人文社会科学通识文丛		
总 主 编	廖　进		
书　　名	**关于科学的 100 个故事**		
编　　著	霍致平		
责任编辑	陈　樱　杨金荣	编辑热线	025－83686029
责任校对	黄隽翀		
照　　排	南京南琳图文制作有限公司		
印　　刷	江苏凤凰通达印刷有限公司		
开　　本	787×960　1/16　印张 18.25　字数 268 千		
版　　次	2012 年 5 月第 2 版　2014 年 4 月第 2 次印刷		
ISBN 978－7－305－06171－4			
定　　价	32.00 元		
发行热线	025-83594756		
电子邮箱	sales@NjupCo.com（销售部）		
	press@NjupCo.com		

* 版权所有，侵权必究
* 凡购买南大版图书，如有印装质量问题，请与所购
　图书销售部门联系调换

《人文社会科学通识文丛》编审委员会

主　　　任　廖　进

成　　　员（按姓氏笔画为序）

　　　　　　王月清　王宜民　左　健　叶南客
　　　　　　汤继荣　刘　祎　沈卫中　杨金荣
　　　　　　杨崇祥　李祖坤　吴颖文　张建民
　　　　　　陈　刚　陈晓明　金鑫荣　赵宁乐
　　　　　　高志罡　董　雷　潘文瑜　潘时常

文丛总主编　廖　进

策 划 执 行　吴颖文

前 言

科学发现世界

爱因斯坦曾说过一句最有深意的话:"宇宙中最不可理解的是宇宙是可以被理解的。"科学所带给人的最大意义,就是它能够合理地解释这个世界。

也许从第一个仰望星空的人开始,人类就开始探索这个世界了。对"知"的渴求是人类最本真最原始的需要,过去,我们求助于宗教,现在,我们求助于科学。宗教让我们对世界顶礼膜拜,而科学让我们以平等自信的眼光看待这个世界。宗教让我们相信神的力量,而科学让我们相信人的力量。

公元前六世纪,古希腊的哲学家开始思索世界的本质的问题。他们不再满足于那虚妄、从未曾出现过的神来掌控头脑,于是,他们决定动用自己的智慧,来探究世界的未知。到今天,这种探究一直在延续。他们探究世界的形成与运转,他们追问人类自身的生存与发展,他们思索种种自然现象的发生,他们希望揭示所有的流转背后最本质的规律。第一批从神学的迷雾中醒来的人,开启了人类历史上一个崭新的时代。

这些人的名字你我都耳熟能详,人文哲学家苏格拉底、体系哲学家柏拉图、天文学家托勒密、数学家欧几里德、物理学家阿基米德、医学家希波克拉底,还有横跨诸领域的亚里士多德,每一个名字,都代表着现代科学的一个方向、一个起源。从此,人类不再跪拜在自然面前,而是站起身来,平等地直视它。

文明一旦起源,便如江河倾泻,奔腾不息。人类总会成长,他们不再满足于那玄

前言

幻神秘的解释,他们需要用自己的眼睛去观察这个世界。正所谓"奇则察,细察则生疑。疑逐生思。冥思而深究",人类好奇的天性是世界的推动力,促使着人类动用全部的智慧与精力去追寻未知的解答,世界便在这无尽的探索中前进。

回顾过往千百年的岁月,你会发现,原来人类发现了这么多,认识了这么多,也创造了这么多。上帝赐予了人类最大的能力——思考,从此,科学的脚步再也不曾停歇。

天为什么是蓝的,叶为什么是绿的,我们都一一获得了答案。但是,认识的越多,我们就越发现,我们知道的其实太少太少。人类太渺小,世界却是无垠的;认识的越多,我们就越发现,这个世界的伟大与神秘,确实值得我们跪下来,深深地吻它的脚趾。

第一章　科学常识

空气有重量吗　　　　　　　　　　　　2
不被亲生父亲承认的女儿　　　　　　　5
从苍天处取得闪电　　　　　　　　　　8
光的颜色　　　　　　　　　　　　　　11
从太阳里获得金子　　　　　　　　　　13
天国里的月球　　　　　　　　　　　　15
美国头顶上的达摩克里斯之剑　　　　　17
达尔文探索的生物链　　　　　　　　　20
梦中的环蛇　　　　　　　　　　　　　23
小狗的条件反射　　　　　　　　　　　26
小果蝇中的大奥秘　　　　　　　　　　29
脚气病里的维生素　　　　　　　　　　32
"手指温度计"与砷中毒　　　　　　　　35
关于DNA的万能复信　　　　　　　　　38
祖冲之的圆周率　　　　　　　　　　　42
冰核讲述的环境变化　　　　　　　　　45
灰色的金子　　　　　　　　　　　　　48
放射性元素镭的光芒　　　　　　　　　50
惰性气体现形　　　　　　　　　　　　53
邓稼先满脑袋的原子核　　　　　　　　56
不求名利的诺贝尔　　　　　　　　　　58

第二章　科学发明

爱迪生的发明　　　　　　　　　　　　62
臭烘烘的科学研究　　　　　　　　　　64
壶盖冲开的蒸汽机　　　　　　　　　　67

1

法拉第的电动机效益	69
飞翔的莱特兄弟	72
计算机之父	74
比尔·盖茨加速了因特网发展	77
偷窃激发的人造金刚石	80
韦奇伍德的复写人生	83
太空计划中铅笔的由来	85
卡尔逊的静电复印技术	88
有关电话之父的诉讼	91
受嘲笑的半导体冒险	94
贝耶尔的青出于蓝	97
转基因技术带来的"黄金稻米"	100
好心有好报的青霉素	103
巴斯德和他的疫苗	106
向伦琴邮购 X 光线	109
儿童游戏带来的听诊器	112
天上立法者的望远镜	115
眼镜师发明的显微镜	118
王水中的诺贝尔金质奖章	120
回头浪子发明的试剂	122
摔碗摔出来的肥皂	125
游戏启发的印刷术	128

第三章　科学定律及理论

苹果砸出的万有引力定律	132
金冠上的阿基米德定律	135
小医生与啤酒匠的能量守恒定律	138
比萨塔上的自由落体	142

目 录

爱迪生的杠杆原理自来水　　　　　　　　145
游戏中的帕斯卡定律　　　　　　　　　　147
比上帝还挑剔的泡利原理　　　　　　　　149
业余数学家之王的费马大定理　　　　　　152
骄傲的弹簧启发胡克定律　　　　　　　　154
摆的等时性原理　　　　　　　　　　　　157
三段论推出的演绎推理　　　　　　　　　160
爱因斯坦的相对论　　　　　　　　　　　163
弱互作用下的宇称不守恒　　　　　　　　165
《时间简史》揭示的宇宙起源　　　　　　168
病床上发现的大陆漂移说　　　　　　　　171
逆境中的微分不等式　　　　　　　　　　174
无人能懂的化学平衡　　　　　　　　　　176

第四章　尖端学科

人工智能之父　　　　　　　　　　　　　180
"鳄鱼"导师引领的原子能科学　　　　　183
竺可桢管天的气象学　　　　　　　　　　186
卡门的航空航天学　　　　　　　　　　　188
杂交水稻之父的农业科学情结　　　　　　191
爱迪生孵小鸡的仿生学　　　　　　　　　194
记不住生日记住了拓扑学　　　　　　　　196
笨人创造的数学奇迹　　　　　　　　　　199
童鱼揭示的细胞遗传学　　　　　　　　　201
婚姻里的爱情心理学　　　　　　　　　　203
武器专家的军事科学　　　　　　　　　　205
法布尔的昆虫学　　　　　　　　　　　　208
丢鸭子的动力气象学家　　　　　　　　　211

3

目录

狗参加的生理学实验	214
考验学生的诊断学	216
免疫学论文不免疫	218
受讥讽的立体化学	220
爱因斯坦错误的宇宙学	223
卢嘉锡毛估结构化学	226
水旱从人的水利工程学	229

第五章 科学研究及其它

数学之王的《算术研究》	234
千年前的结核病	237
魏可镁的催化剂专利	240
尿素发现者与女神的故事	243
不怕中毒,电解法析出单质氟	246
王应睐与胰岛素合成	249
酒精灯上的食品检疫	252
遗书里的健康教育	254
李政道给毛泽东演示对称	256
科学之光的认识论	259
总统的占星术与伪科学	262
不近人情的科学精神	264
尝尿考验弟子的观察力	266
王选新技术革命的10个梦想	268
人造血液引发的10个军事生物技术问题	271
希尔伯特的23个数学问题	274
哪里有怀疑,哪里就有自由	277

第一章

科学常识

空气有重量吗

地球的周围被厚厚的空气包围着,这些空气被称为大气层。空气可以像水那样自由地流动,同时它也受重力作用。因此空气的内部向各个方向都有压强,这个压强被称为大气压。

托里拆利是 17 世纪一位颇负盛名的科学家。他在 39 岁生日之际,突然病倒,与世长辞。可短短的一生中,他取得了多方面杰出的成就,赢得了很高的声誉。

在托里拆利的时代,关于空气是否有重量和真空是否存在,争议很大。一些深受亚里士多德影响的人认为,"世间万物之中除了火和空气以外均有各自的重量。"他们坚持自然界"害怕真空"的说法。而另一些人则以伽利略为代表,他们认为物体有自己的重量,各有重量大小不同和质地疏密之分。

托里拆利是伽利略的支持者,他进行了大量试验,不但实现了真空,验证了空气有重量,还获得了新的发现。

1641 年,托里拆利受到一位科学家进行的真空试验启发,采用密度较大的水银进行试验。在这个试验中,他将一根长度为 1 公尺的玻璃管灌满水银,然后用手指顶住管口,将其倒插进装有水银的水银槽里,放开手指后,可见管内部顶上的水银已下落,留出空间来了,而下面的部分则仍充满水银。为了进一步证明管中水银面上部确实是真空,托里拆利又改进了实验。他在水银槽中将其水银面以上直到缸口注满清水,然后把玻璃管缓缓地向上提起,当玻璃管管口提高到水银和水的界面以上时,管中的水银便很快地泻出来了,同时水猛然向上窜至管中,直至管顶。由此可见,原先管内水银柱以上部分确实是空无所有的空间。原先的水银柱和现在的水柱都不是被什么真空力所吸引住的,而是被管外水银面上的空气重量所产生的压力托住的。

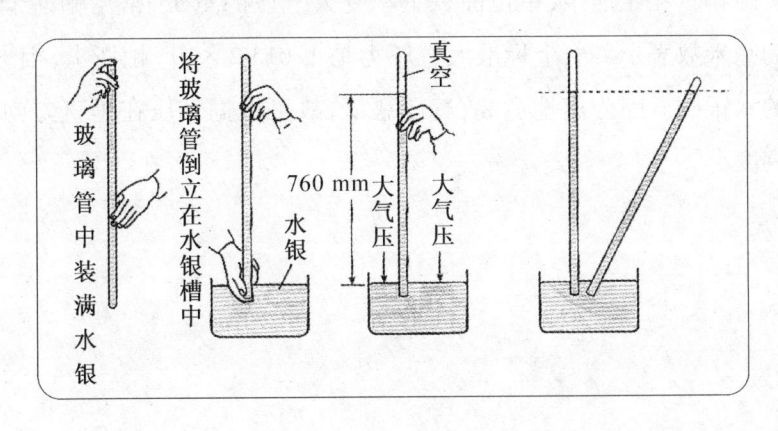

这个实验充分证明了真空的存在,以及空气有重量的看法。可是在当时,这一发现遭到了很多迷信亚里士多德的科学家的反对,他们提出玻璃管上端内充有"纯净的空气",并非真空。于是,一场激烈的争论展开了,大家各抒已见,众说纷纭,持续了很久。直到后来,帕斯卡的实验成功,证实托里拆利的理论后,关于空气有没有重量以及真空问题才逐渐得以统一。

但在当时,不管争议如何,托里拆利坚信自己的试验成果,并且在不断的实验中还发现了一个新问题:不管玻璃管长度如何,也不管玻璃管倾斜程度如何,管内水银柱的垂直高度总是76公分。于是,他提出了可以利用水银柱高度来测量大气压的理论,并与维维安尼合作,在1644年制成了世界上第一具水银气压计。

人类离不开空气，但是对于空气的了解却不多。在地球周围，包围着一层厚厚的空气，这就是大气层。空气就像水一样，可以自由地流动，这是空气分子的运动。空气分子运动与地球重力场两者之间，互相作用影响产生压强，叫做大气压。空气分子密度越大，气压也越大。反之，气压越低。

在实际科研和生活中，单位面积上承受大气压的重量，常用帕斯卡或水银柱高度的毫米数表示。一个标准大气压力是 1.0132×10^5 帕斯卡，相当于 760 毫米高的水银柱。因为离地愈高，气压愈低，故可根据气压在垂直方向上的变化测算高度。

约翰·冯·诺依曼（1903—1957），美籍匈牙利人，被誉为"计算机之父"，其精髓贡献有两点：二进制思想与程序内存思想。

不被亲生父亲承认的女儿

氧在地球上分布极广,大气中的氧占 23%,海洋和江河湖泊中到处都是氧的化合物——水,氧在水中占 88.8%。

英国化学家约瑟夫·普利斯特列是一位自学成才的大师,他一生最大的贡献,便是发现了氧气的存在,尽管他终生也没有承认这一气体。

幼年时,普利斯特列有一次去他叔叔工作的啤酒厂参观。在那里,一切都让他好奇极了,而他最喜欢的,就是那神奇的发酵车间了。普利斯特列兴奋极了,他左看看,右看看,一刻也停不下来,最后干脆爬上高高的梯子,俯身去看那大桶里盛满的啤酒汁。

这时,他的叔叔惊叫起来:"快下来,别对着啤酒汁呼吸,不然你会晕过去的。"普利斯特列赶忙爬下来,好奇地问叔叔说:"这是怎么回事啊?"可是叔叔也不能回答他,只拿来一根细木条,打算演示给他看。叔叔点燃了细木条,然后把它举到了啤酒桶上,只见木条迅速地熄灭了。

"啊,原来啤酒桶中有另外一种空气啊!它可以让木条熄灭。"普利斯特列叫道,"叔叔,让我也试试吧。"他重复了刚刚叔叔的举动,木条果然又熄灭了,木桶上漂浮起淡蓝色的烟。普利斯特列轻轻地用手推了推,这些烟便慢慢地落了下去。

"看来这种空气比平常的空气重呢。"普利斯特列饶有兴致地说着。那时的他，还不知道自己发现了一种重要的气体——二氧化碳。只是，这件事从此牢牢地刻在了他的脑海里，也让他下定了决心，一定要弄清楚空气是怎么回事。

在普利斯特列生活的年代，人们都认为物体的燃烧是因为存在着一种叫"燃素"的东西，普利斯特列也毫不怀疑这一点，于是他决定将这个"燃素"从空气中提取出来。他想起啤酒厂发生的事，于是推测：空气中存在着好几种气体，一种是可以让一切生物呼吸的纯洁的空气，另一种是比纯洁的空气还重的空气。在这种重空气中，生物就会死去。

于是，普利斯特列将一支蜡烛和一只小老鼠放进了同一个密封的玻璃容器里，没有多久，蜡烛熄灭，老鼠也死了。普利斯特列想，一定有什么东西燃烧以后污染了空气，才会让老鼠死亡的。于是，他决定用水来清洁空气，可惜还是失败了，小老鼠只是稍微多活了一会儿。他又改用植物来进行试验，这次，花没有枯萎，他惊喜地发现，植物可以施放出一种"活命空气"维持动物的呼吸。没有多久，普利斯特列就在提炼"燃素"的试验中，透过对水银灰的燃烧，成功地提取了这种气体——氧。他欣喜地发现，在这种气体中，人和动物都可以非常畅快地呼吸。

可惜的是，"燃素说"的想法太过根深蒂固，普利斯特列并不知道这是他一直渴望得到的"活命空气"，而认定这便是"燃素"。后来，法国化学家拉瓦锡看到他的试验，敏锐地感到这不是"燃素"，而是一种新气体，他在这个发现的基础上，创立了氧气燃烧理论，开创了化学发展的新纪元。因此，法国著名科学家乔治·居维叶曾惋惜地说："普利斯特列是现代化学之父，但是，他却始终不肯承认自己的亲生女儿。"

氧是空气的重要组成元素之一，也是大自然中动植物生存的基本条件之一。它是一种无色无味的气体，其熔点为 $-218.4℃$，沸点为 $-182.962℃$，气体密度1.429克/立方厘米。

氧是化学性质活泼的元素,除了惰性气体,卤素中的氯、溴、碘以及一些不活泼的金属(如金、铂)之外,绝大多数非金属和金属都能直接与氧化合,但氧可以透过间接的方法与惰性气体氙生成氧化物。

氧是人体进行新陈代谢的关键物质,是人体生命活动的第一需要。植物透过空气中的二氧化碳以及阳光和水合成营养物质,同时释放出氧气;而人类和其它动物则从空气中吸进氧气,保证正常的生理循环。

约瑟夫森(1940—),英国物理学家,计算了超导结的隧道效应并得出结论。由于预言隧道超导电流而获得1973年度诺贝尔物理学奖。

从苍天处取得闪电

电是一种自然现象,是电子和质子这样的亚原子粒子之间产生排斥和吸引力的一种属性。

富兰克林是位卓越的科学家,他为了研究电学,曾经付出过很多努力,发生了一连串感人至深的故事。

1746年,一位英国学者在波士顿利用玻璃管和莱顿瓶表演了电学实验,这引起富兰克林极大的兴趣,他被电学这一刚刚兴起的科学强烈地吸引住了。随后,他开始了自己一系列的电学试验。

有一次,富兰克林的妻子丽德在帮助他做实验时,不小心碰到了莱顿瓶,顿时一团电火闪过,击中丽德,将其击倒在地。丽德面色惨白,受到重创,足足在家躺了一个星期才恢复健康。这次意外事件不但没有吓倒富兰克林,反而使他想了很多,思维敏捷的他想到了空中的雷电,他认为雷电也是一种放电现象,和在实验室产生的电在本质上是一样的。

于是,富兰克林写了一篇名叫《论天空闪电和我们的电气相同》的论文,送到英国皇家学会,希望引起大家的关注。可是在当时,人们普遍认为,雷电是上帝创造的,不是平凡之物,不可能与人间的电相同。所以,他们不理解富兰克林的设想,反而嘲笑他是狂人。

为了证实自己的设想,富兰克林决心用试验来证明。他制作了一个装有金属杆的风筝,决定用它来"捕捉"雷电。时机来到了,1752年6月的一天,乌云密布,电闪雷鸣,一场暴风雨就要降临。富兰克林看到这种情景,连忙和他的儿子威廉一道,带上风筝和莱顿瓶出门了。他们来到一个空旷地带,富兰克林高举起风筝,让儿子拉着风筝线飞跑。此时,风很大,立即将风筝送上高空。刹那间,雷电交加,大雨倾盆而至。富兰克林和他的儿子冒着暴雨一起拉着风筝线,他们焦急地期待着,期待着雷电击中风筝。不多时,只见一道闪电从风筝上掠过,富兰克林忙用手靠近风筝线上的铁丝,顿觉一种恐怖的麻木感传遍全身,他被击中了。富兰克林无法抑制内心的激动,在狂风暴雨中大声呼叫:"威廉,我被电击了!我被电击了!"威廉看着父亲兴奋的神态,也高兴地喊叫着:"我们成功了,我们成功了!"

父子俩不顾风大雨急,又将风筝线上的电引入带来的莱顿瓶中,这才赶回家中。后来,富兰克林用"捉"回来的雷电进行了各种电学实验,证明了天上的雷电与人工摩擦产生的电具有完全相同的性质。他终于为自己的假说提供了可靠的证据。

随后,各国电学家对雷电进行了各种各样的试验。有一次,电学家利赫曼为了验证富兰克林的实验,不幸被雷电击死,这次意外使很多人产生畏惧心理,不敢接近电。面对危险,富兰克林再一次表现出将科学进行到底的决心和勇气,他没有退缩,经过多次试验,制成了一根实用的避雷针,这是世界上第一根避雷针。它是一根长达几米的铁杆,外面包裹着绝缘材料。富兰克林将它固定在屋顶,在杆的底部紧拴一根粗导线,一直通到地里。这样,当雷电袭击房子的时候，电就沿着金属杆透过导线直达大地，而不会损伤房屋建筑。

避雷针开始应用后，很快遭到了宗教人士的强烈反对，他们认为：使用避雷针是违反天意的行为，肯定会招致旱灾。于是，大教堂的神职人员偷偷拆除了避雷针。然而，科学终将战胜愚昧，不久，一场挟有雷电的狂风暴雨证实了一切。那次雷电过后，大教堂着火了，而其它装有避雷针的高层房屋则全部平安无事。

事实教育了人们，使人们相信了科学。很快，避雷针传到英国、德国、法国，最后普及到世界各地，经过科学家们不断试验改进，越来越实用、先进。

电是一种自然现象。在自然界中，所有物质都是分子组成的，而分子又是由原子组成。每个原子由带正电的原子核和带负电的电子构成。电子分层围绕原子核作高速旋转。在通常情况下，由于原子核所带的正电荷和电子所带的负电荷在数量上相等，所以物体就不显示带电现象。但是，由于某种外力的作用，使离原子核较远的外层电子摆脱原子核的束缚，从一个物体跑到另一个物体，这样就使物体带电。所以，电是电子和质子之间产生排斥和吸引力的一种属性。

关于电的发现具有相当漫长的历史。公元前600年左右，希腊的哲学家泰利斯就知道琥珀的摩擦会吸引绒毛或木屑，这种现象称为静电。18世纪时西方开始探索电的种种现象。通过无数科学家的努力，人们逐渐认识到天空中的闪电与地面上的电是同一回事。

约翰·芬恩（1917—），美国化学家。因为"发明了对生物大分子进行确认和结构分析的方法"和"发明了对生物大分子的质谱分析法"而获得2002年诺贝尔化学奖。

光的颜色

光就其本质而言是一种电磁波,人类肉眼所能看到的可见光只是整个电磁波谱的一部分。

  伟大的科学家牛顿不仅发现了万有引力定律,奠定了力学基础,还在科学的其它领域有着重大贡献。其中,他透过研究光,发现了颜色的秘密,就是非常著名的科学成就。

  牛顿小时候很贪玩,有一天,他做了一盏灯笼挂在风筝尾巴上。当夜幕降临时,他将风筝放上夜空,点燃的灯笼也借着风筝上升的力量升入空中。发光的灯笼在空中飘荡,人们大为惊讶,以为是出现了彗星。从此,牛顿对光就特别感兴趣。

  后来,牛顿通过刻苦学习,取得了很大的成就,但他对光始终怀着好奇的心理,非常希望能够弄清楚光到底是怎么回事。有一次,他在用自制望远镜观察天体时,无论怎样调整镜片,视点总是不清楚。牛顿仔细思索,认为这可能与光线的折射有关。于是,他就动手试验起来。他在进行试验的暗室窗户上留下一个小圆孔,好让光线通过。然后,他在室内窗孔后放一个三棱镜,在三棱镜后挂一张白屏。这样,从圆孔进来的光线通过三棱镜时,应该会产生折光现象。

  观察到的结果让牛顿大为意外。他惊异地看到,白屏上所接受的折光呈椭圆形,两端现出红、橙、黄、绿、蓝、靛、紫七种颜色。这个奇异的现象让牛顿陷入深思之中。他由此联想到自然界雨后天晴出现的彩虹,不也是七种颜色吗?这到底是怎么回事?

牛顿经过深入的思考和研究,终于找到了问题的答案:原来,阳光是由红、橙、黄、绿、蓝、靛、紫七色光线汇合而成。雨过天晴时,天空中的雨滴使阳光产生折射、反射,便形成五彩缤纷的彩虹。他还进一步指出,世界万物所以有颜色,并非其自身有颜色,太阳普照万物,各物体只吸收它所接受的颜色,而将它所不能接受的颜色反射出来。这反射出来的颜色就是人们见到的各种物体的颜色。

从此,牛顿便把这条彩色的色带称为"spectrum",这个拉丁语词意即"幻象"或"幽灵",中文翻译为"光谱"。光谱的发现,对于物理学的发展,产生了重要的意义。

光有自然光与人造光之分。光由能量的作用而产生,自然能量产生的光,称自然光;人造能量产生的光,称人造光。不管哪种光,就其本质而言,都是一种电磁波,覆盖着电磁波谱一个相当宽的范围,只是波长比普通无线电波更短。人类肉眼所能看到的可见光只是整个电磁波谱的一部分。

光不仅是一种电磁波,也可把它看成是一个粒子,即光量子,简称光子,光由许多光子组成。根据光子之间的组合形式,又可分为普通光和激光。普通光,指的是普通的太阳光、灯光、烛光等,这些光的光子与光子之间毫无关联,它们的波长、相位、偏振方向、传播方向都不一致。激光的情况与之相反,在激光光束中,所有光子都是相互关联的,它们的波长、相位、偏振方向、传播方向都是一致的。

从太阳里获得金子

太阳大部分是由气体组成的。从内向外，太阳可分为核反应区、辐射区和对流区、太阳大气几部分。太阳的年龄约为46亿年。

在上文中我们提到了光谱,牛顿发现光谱之后,科学家们又发现,将特定的物质加热到白热的程度后,它们就只发出某种特定颜色的光。如果让它们所辐射的光通过一条狭缝,那么每一种颜色都会形成一个清晰的狭缝像,并落于光谱中某个特定的位置上,其它地方则是黑的。

1814年,德国光学家夫朗和费进一步观察到,透过某种冷气体的太阳光被吸收掉某些颜色,于是在彩色的背景上出现了一些暗线。太阳的外层非常冷,所以足够造成这种现象,因此太阳光谱中实际上布列着许许多多暗的光谱线,后来这种线也就被称为"夫朗和费线"。

19世纪的德国物理学家基尔霍夫,就一直致力于研究"夫朗和费线"。他曾经做了用灯焰烧灼食盐的实验,在实验中,他得出了关于热辐射的定律,也就是基尔霍夫定律:任何物体的发射本领和吸收本领的比值与物体特性无关,是波长和温度的普适函数。从此他得出了一个判断,太阳光谱的暗线是太阳大气中元素吸收的结果。他的判断给太阳和恒星成分分析提供了重要的方法。此后,透过详细的分析,他也从太阳光谱上看到了黑线,证明了太阳上存在着金子。

有一次,他受邀举行讲座,专门讲述这个伟大的发现。前来参加讲座的人很多,他们来自各行各业,对此发现抱有很不一致的看法。

当基尔霍夫讲述到太阳上存在金子时,只听一位银行家讥笑起来,以满不在乎的口吻说:"先生,你虽然发现了金子,却不能得到它,这样的金子有什么用处?"

他的话引起哄堂大笑。基尔霍夫什么也没说,坚持讲完了讲座。

不久,基尔霍夫因光谱分析方面的发现荣获了金质奖章,他拿着奖章找到那位银行家,平静地对他说:"你瞧,我终于从太阳上得到了金子。"

太阳是宇宙中非常普通的一颗恒星,它的亮度、大小和物质密度在所有恒星中处于中等水平,因为它离地球最近,所以看上去它是天空中最大最亮的天体。而其它恒星,离我们非常非常遥远,因此看上去就只是一个个闪烁的光点,这就是满天繁星。

太阳大部分是由气体组成的。从内向外,分为核反应区、辐射区和对流区、太阳大气几部分。太阳的大气层像地球的大气层,按不同的高度和性质可分成几层,分别为光球、色球和日冕三层。我们平常看到的太阳表面,就是太阳大气的最底层,温度约是 6 000 摄氏度。

太阳已经生存了 46 亿年,估计还可以继续燃烧 50 亿年。在它存在的最后阶段,太阳中的氢将转变成重元素,太阳的体积也将开始不断膨胀,最终会将地球吞没。在经过一亿年的红巨星阶段后,太阳将会坍缩成一颗白矮星,再经历几万亿年,它将最终完全冷却,然后慢慢地消失在黑暗里。

天国里的月球

月球是地球唯一的天然卫星,是距离我们最近的天体,它与地球的平均距离约为 384 401 公里。

英国天文学家约翰·杰尔舍利一生沉迷于天文学研究,曾经做出过许多杰出的贡献。就算是临终前,他依然不忘自己研究的学科,为不能解开天文学领域的诸多谜团深感遗憾。关于此,还有一段脍炙人口的故事。

当时,约翰·杰尔舍利病情危重,已经没有好转的希望了。家人为他请来神父做最后的祷告,希望他可以得升天国。神父坐到他的床边,按照惯例为他祈祷,并向他讲述天国之乐,意在告诉他死亡是上帝的旨意,是通往极乐世界的开端,并不可怕。神父喃喃不休地讲述着,似乎真的有天国存在一样,在他的祷告下,约翰·杰尔舍利真的能够进入天国,享受极乐。

可是,约翰·杰尔舍利为天文学奋斗一生,自然了解宇宙的情况,哪里相信天国之说。因此,约翰·杰尔舍利听了一会儿,实在无法忍受下去了,他虚弱地抬起头颅,打断神父的话,说道:"对我来说,人生最大的赏心乐事,莫过于能看到月球的背面。"神父听罢,失色无语。

对杰尔舍利来说,死亡是他探索月球的开端。而他没有想到的是,看到月球的背面很快就从梦想变成了事实,人类很快就依靠着科技的力量登上了月球。

20 世纪上半叶,火箭技术突飞猛进,人们开始把目光投向了遥远太空中那恒久仰视的星体。1959年10月，苏联率先完成了卫星的绕月飞行，随后，美苏两国开始了探月竞争。它们各自发射了"月球""徘徊者""探测者"系列探测器。从20世纪50年代末到70年代初，两国共发射了43枚探测器，获得了大量的珍贵资料。

1969年7月，一声巨大的轰鸣声惊醒了佛罗里达州宁静的清晨，在这里，美国发射了"阿波罗11号"飞船，人类的第一次登月旅行正式开始了。4天之后，航天员阿姆斯特朗和奥德林第一次踏上了被称为静海荒原的月球表面。这是人类首次登上月球，揭开了人类历史上划时代的一幕。从此，人类探索太空的步伐再也没有停歇过，揭开太空的秘密已是指日可待。

月球俗称月亮，也称太阴，是地球唯一的天然卫星，也是距离我们最近的天体，它与地球的平均距离约为384 401公里。

月球大约在46亿年前形成，由月壳、月幔、月核几个层次结构组成。月壳在最外层，平均厚度约为6～65公里。月壳下面是月幔，大约有1 000公里深度，占了月球的大部分体积。再往里就是月核，温度约为1 000度，处于熔融状态。月球直径约3 476公里，是地球的3/11。体积只有地球的1/49，重量约7 350亿亿吨，相当于地球重量的1/81，月面的重力差不多相当于地球重力的1/6。

科学研究发现，自月球形成早期，便一直受到一个力矩影响，导致自转速度减慢，这个过程被称为潮汐锁定。结果，月球以每年约38毫米的速度远离地球，受其影响，地球的自转也越来越慢，一天的长度每年变长15微秒。可见，月球对地球也有引力作用，这种引力作用在地球上的表现之一，就是潮汐现象。

> 德贝赖纳(1780—1849)，德国化学家。有两个最重大的贡献，一是发现铂的催化作用，并利用这个原理发明了德贝赖纳灯。第二个是化学元素三组定律。

美国头顶上的达摩克里斯之剑

人类将一种人工制造的卫星发射到预定的轨道，使其环绕地球或其它行星运转，这类卫星就是人造卫星。

不论人们对冷战如何评说，但有一点不可否认的是，美苏两国之间的竞争对于现代科技的发展，有着不容置疑的推动作用。

冷战期间，苏美在比拼军事实力上都不遗余力，竞争十分激烈。当时，苏联正在研制一种可以携带一枚氢弹打击美国的导弹，即 R-7 型弹道导弹。

1956 年 2 月 27 日，赫鲁晓夫来到谢尔盖·科罗廖夫的办公室，他原本只是来了解苏联第一枚洲际弹道导弹——R-7 的情况的。可是，作为苏联空间项目之父的科罗廖夫，毕生所追求的，并非是武器上的尖端，而是对太空奥秘的探索。他真正投注心血的，是对于太空的不懈探索。R-7 并不是他的目标，人造卫星才是。

就在赫鲁晓夫要离去的时候，科罗廖夫突然请他稍等片刻。科罗廖夫向赫鲁晓夫展示了一样东西，他说："我们可以将 R-7 发射进太空，让它像一个小月亮一样转。"

赫鲁晓夫沉默不语，科罗廖夫赶紧补上一句："这东西可以飞到月球，最终还能把我们送上太空。"见赫鲁晓夫依然没有多大的兴趣，他又说道："美国已经准备 1958 年发射卫星了，要是我们再不抓紧，又要落到美国后面了。这东西只需要多花一点点钱,却可以为我们赢得第一的名声。"说完,他静静地盯着赫鲁晓夫,等待着他的回应。

对于当时的赫鲁晓夫来说,争赢美国绝对是一件至关紧要的事。问清楚不会影响到洲际导弹的发射之后,赫鲁晓夫爽快地同意了这一计划。也许当时的他,还并未意识到这是件多么伟大的事。

获得许可的科罗廖夫很快便带领着工作人员投入到紧张的工作中,他们日夜研究,从不敢有一刻的懈怠,对卫星的感情甚至让他们亲切地称呼发射火箭为"爱人"。

终于,第一颗卫星"斯普特尼克"一号设计成功了,当他们决定10月6日发射时,却得到一个消息:美国要在10月5日发射卫星。于是,苏联人立即决定将发射计划提前进行,1957年10月4日,"斯普特尼克"一号人造卫星发射进了太空,人类的第一颗卫星升上了天。

第一颗人造卫星带来的效应是轰动性的。1957年初,当苏联宣布试验成功世界上第一枚洲际弹道导弹时,西方社会还仅仅把这当作是吹嘘的谎言。可当人造卫星上天的时候,当时的美国总统艾森豪威尔很快便不安地发现,他们的老对手苏联,已经在他们的头顶高高放置了一柄达摩克里斯之剑。"苏联人现在可以制造能够打到世界任何既定目标的弹道导弹了",这可怕的事实,也使美国彻底改变了1957年之前的冷战策略。

也许，这也是科技改变历史的一个佐证。

在宇宙中，有许多围绕行星轨道运行的天体，人们把它们叫做卫星。比如在地球轨道上运行的月球，就是地球的卫星。随着科技发展，人类将一种人工制造的卫星发射到预定的轨道，使其环绕地球或其它行星运转，这类卫星就是人造卫星。人造卫星围绕哪颗行星运转，就叫哪颗行星的人造卫星。

根据牛顿万有引力定理，我们得知，如果空气中没有阻力，当速度足够大时，抛出去的物体就永远不会落到地面上来，它将围绕地球旋转，这就是人造卫星围绕地球运转的原理。

阿那克西曼德（公元前610—前546），古希腊哲学家，绘制世界上第一张全球地图的人。他认识到天体环绕北极星运转，所以他将天空绘成一完整球体，从此，球体的概念首次进入天文学领域。

达尔文探索的生物链

生物链指的是：由动物、植物和微生物互相提供食物而形成的相互依存的链条关系。

1809年2月12日，查尔斯·达尔文出生于一个富裕的医生家庭，青少年时代的他在众人眼中是个游手好闲的纨绔子弟，只知道打猎、玩狗、抓老鼠、收集矿石和昆虫标本，并没有什么特殊之处。他先是被父亲送去学医，却因为天生害怕血腥而半途而废。后来，他又进了剑桥学习神学，打算当个牧师了此余生。这些学习经历给他带来的最大好处，是让他结识了一批优秀的博物学家，并获得了良好的科学训练。

真正改变他命运的时刻是1833年，植物学家亨斯楼推荐了他参加贝格尔号的环球航行。他跟随着贝格尔号历经大西洋、南美洲和太平洋，收集到了许多有关地质、植物和动物的第一手资料。从贝格尔号上再次踏足英格兰的时候，他已经不再是那个言必称《圣经》的神学毕业生、正统的基督教徒，而开始对"一切生物都是由上帝创造"产生了质疑。从此，他开始了生物学上的认真钻研。

1843年前后，达尔文为了研究三叶草是如何繁殖后代的，住到了离伦敦城郊10多公里的一个名叫唐恩的小镇里。他每天都走到田野间，去观察、分析和研究那里的三叶草。经过细心观察，他看到三叶草上飞舞着许多土蜂，这些土蜂吸食花蜜,在花蕊间飞来飞去,起到了传播花粉的作用。于是达尔文明白了,是土蜂帮助三叶草授粉和繁殖后代的。

夏天来到了,三叶草结籽甚丰。看来,土蜂功劳不小。

为了更确切地研究这件事,第二年,达尔文又到地里去观察。今年的情况与去年不同,在三叶草上飞舞的土蜂明显减少了!到了三叶草收获季节,放眼望去,三叶草结籽甚少,与去年无法相比。这是怎么回事呢?达尔文好奇地观察着、思索着。

达尔文想到土蜂的减少。他明白了,肯定是土蜂少了,减少了授粉的机会,才会造成了这种结果。可是,土蜂为什么无缘无故减少了呢?达尔文开始追踪此事,经过仔细观察,他终于在岩石洞和树洞里的土蜂窝中找到了原因。

原来,今年突然出现了不少的老鼠,许多的土蜂窝都被老鼠吃光了蜜,并且被破坏了。正是因为老鼠伤害了土蜂,造成了土蜂数量的减少,才最终导致三叶草的减产。也就是说,老鼠的多少决定着土蜂繁殖的数量:老鼠多了,它破坏的土蜂窝多了,土蜂就少了。

这个发现让达尔文十分兴奋,他不停地追寻下去,发现老鼠也有变多变少的时候,而老鼠的多少则与猫有关。猫多了,老鼠就少了,相反,猫少了,老鼠就多了。看来,三叶草能否丰收,竟然取决于和它看起来毫无关系的猫。这真是一个复杂而有趣的关系。

经过进一步深入的观察和研究,达尔文发现了生物之间相互制约、相互依存的关系。经过20多年的认真研究,他终于于1859年写出了《物种起源》这部伟大著作,提出了生物链之说,成为19世纪世界最杰出的科学家和生物进化论的奠基人。

在自然界,动物、植物和微生物之间存在着一种复杂的关系,它们互相提供食物,彼此依存,形成链条关系,这就叫做生物链。

生物链断裂会带来非常严重的生物学后果。在上世纪末,世界许多地区出现了农作物和果树大量减产的情况,科学家们经过追查,发现这是因为蜜蜂突然大量死亡造成的。蜜蜂大量死亡,影响植物授粉,势必造成植物减产现象。而蜜蜂的死亡,除了气候变化的因素外,手机电波才是罪魁祸首。电波干扰了蜜蜂的定位系统,造成蜜蜂返巢路线的迷失,才导致了蜜蜂的大量死亡。

大自然的生态,犹如一条条生物链,环环相扣,只要其中一个链条断裂,就会破坏自然界的生态平衡,造成不可预料的严重后果。

亚当斯(1819—1892),英国天文学家,海王星的发现者之一。曾获得英国皇家天文学会的金质奖章。

梦中的环蛇

苯在常温下为无色、带特殊芳香味的液体,难溶于水,1升水中最多溶解1.7克苯,但能与醇、醚、丙酮和四氯化碳等有机溶剂互溶,是常用的有机溶剂。

凯库勒是德国著名化学家,有一段时间他住在伦敦,此间,他热衷于研究苯的分子结构问题。为此,他每日每夜不停地工作,十分辛苦,但是却毫无所获。凯库勒十分苦闷,这天,他走出家门,在街上闲逛,看见一辆马车,就喊住车夫,上了马车。

马车夫回头问:"先生,去哪儿?"

凯库勒一心想着苯的分子结构,自己也不知道下一步到哪里去,随口说:"随便。"

"随便?"马车夫喃喃道,"什么地方叫随便?"他有心再追问,可是看到凯库勒满脸阴云,惟恐惹事生非,就拉着马车漫无目的地在街上转悠,这可真成"随便"了。

凯库勒坐在马车上,心事重重,眉头紧锁,根本无心观赏街边景色。不一会儿,摇摇晃晃的马车像摇篮一样,使他闭上眼睛,又过了一会儿,他陷入沉沉睡梦之中。他太累了,多少天来,日思夜想,没有片刻休息,他太需要歇息一下了。

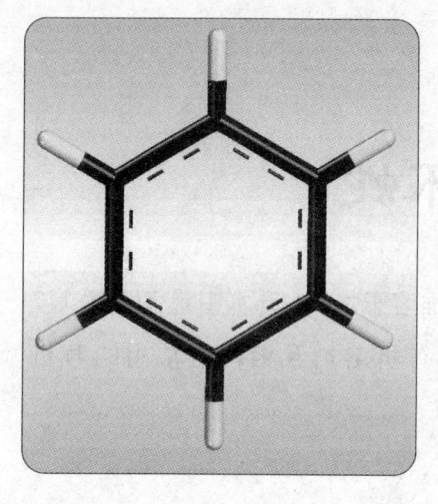

睡着睡着,凯库勒突然看见眼前有东西在跳动,它是一个分子结构式,变成了一条蛇。这条蛇跳着舞,头部靠近尾部,逐渐形成一个环状。真是太神奇了,凯库勒不由一惊,醒了过来。他揉揉眼睛,想起刚才的事情,原来是一个梦!他立马想到,梦中的首尾相接的蛇不正是自己苦苦追寻的苯的分子结构吗?

正在这时,马车夫看到凯库勒醒了,就大声喊道:"先生,前面到克来宾路了。"

这里正是凯库勒的住所,他立即跳下马车,飞快地跑回去,在梦的启发下,画出了首尾相接的环式分子结构。解决了有机化学上的一道难题。

这一重大发现被公布以后,很多人都很好奇,究竟凯库勒是怎么想出来的呢。后来,在庆祝德国化学会成立25周年的大会上,凯库勒公布了他这一发现的来历。这下可有趣了,从此之后,在德国的街头多了很多雇马车的人,更奇怪的是,每当马车夫问他们去哪里的时候,这些人的回答也都是一样的:"随便"。

随便?马车夫们莫名其妙,可是到手的生意当然不能不接,于是,德国街头多了许多晃晃悠悠的马车,漫无目的地满街游走。更好玩的是,如果你往车里看的话,那些人都在车里闭着眼睛,努力地睡觉呢。

相信聪明的读者已经知道了,他们正是听说了凯库勒发现苯的故事,在这依葫芦画瓢呢。可惜他们不知道的是,凯库勒梦中看似偶然的发现,真实应该归功于之前他所度过的、忙于思索的无数个不眠之夜。

凯库勒发现的苯环是最简单的芳环，由六个碳原子构成一个六元环，每个碳原子接一个基团，苯的6个基团都是氢原子。苯在常温下为无色、带特殊芳香味的液体，难溶于水，1升水中最多溶解1.7克苯，但能与醇、醚、丙酮和四氯化碳等有机溶剂互溶，是常用的有机溶剂。

在工业上，苯由焦煤气（煤气）和煤焦油的轻油部分提取和分馏而得。主要用于染料工业、农药生产、香料制作，还可作为溶剂和粘合剂用于造漆、喷漆、制药、制鞋及苯加工业、家具制造业等。

苯虽然用途很广，但危险性也很大。它具有易挥发、易燃的特点，其蒸气有爆炸性；另外，长期吸入或者接触苯，会影响人的身体健康，造成皮肤湿疹、呼吸感染、白血病，妊娠期妇女长期吸入则会导致胎儿发育畸形和流产。因此，专家们也把苯称为"芳香杀手"。目前，国际卫生组织已经把苯定为强烈致癌物质。

西尔维斯特（1814—1897），英国数学家。发展了行列式理论，创立了代数型的理论，奠定了关于代数不变量的理论基础，在整数分拆和丢番图分析方面作出了突出的贡献。

小狗的条件反射

条件反射是指,两样本来没有任何联系的东西,因为长期一起出现以后,当其中一样东西出现的时候,便无可避免地联想到另外一样东西,是有机体因信号的刺激而发生的反应。

位于俄国中部有个小城,名字叫梁赞城,在这个城里,家家户户喜欢养狗。有一户人家也养了一条狗,这家的主人很细心,他担心狗乱跑,就用一根很粗的锁链把它锁了起来,不准它到处跑。狗不能乱跑了,却开始不停地吠叫,一天到晚,总是呲牙咧嘴,一副凶相。

因此,大家都怕这条狗,特别是孩子们,见到它总是躲得远远的,生怕受到伤害。一天,一群孩子走过这户人家,那条狗拼命地冲着他们狂吠,孩子们远远地躲了起来,谁也不敢接近它。

就在这时,一个大脑袋、身材瘦弱的男孩子突然站出来,不慌不忙地向狗走去,他离那条狗越来越近了,同伴们一齐吃惊地喊着:"停下!不要靠近狗!这狗会咬人!"

可那个孩子并不在意,他回头对同伴们说:"不要紧,我打开锁链,狗就不会再叫了,大家也不用害怕了。"

孩子们一听,叫得更慌乱了:"别打开,别打开!"他们边叫边四处逃散,谁也不敢停在狗的面前。

那个男孩子似乎没有看到同伴们慌乱的样子,他走过去,轻轻解开锁链。令大伙想不到的是,那条狗果然不再狂叫,反而温顺地摇着尾巴,依偎在孩子脚边,任凭他抚摸。从此以后,那条狗再也没有被锁上,也不再凶恶地狂吠乱叫了。

为狗解开锁链的孩子后来成为了伟大的科学家,他的名字叫巴甫洛夫,他提出了著名的条件反射理论,成就卓越。巴甫洛夫的理论受到很多人的关注和议论,有一次,他为大学生上课时,学生们向他提问什么是条件反射。巴甫洛夫略一思索,为他们讲了自己小时候为狗解开锁链的事,并且问他们:"狗不叫了,你们知道这是什么原因吗?"

学生们摇摇头,瞪着眼睛,不解地等待巴甫洛夫的下文。

巴甫洛夫微笑着说:"当时我也不知道原因,后来透过研究才发现,给狗套上锁链,对狗来说是一种刺激,也就是一种条件。这种条件引起了它保护自己的反射,因此这条狗变得异常凶恶。而一旦打开锁链,消除了这种条件,便不再引起它保护自己的反射,因此它变得温顺起来了。"

同学们听了,一个个露出恍然大悟的神色,低声议论着:"原来条件反射这么简单!""没想到巴甫洛夫教授小时候这么勇敢。""要不是那条小狗,不知道巴甫洛夫先生会不会发现条件反射?"

看着学生们兴致盎然的样子,巴甫洛夫会心地微笑着,他也许在想,条件反射理论肯定会在他们的努力下取得更深入的进展的。

从巴甫洛夫讲述的给小狗解锁链的故事中,我们可以认识到条件反射的一些基本知识。条件反射是指，两样本来没有任何联系的东西（锁链和吠叫），因为长期一起出现，以后，当其中一样东西（锁链）出现的时候，便无可避免地联想到另外一样东西（吠叫），这是有机生命体在信号的刺激下，所发生的必然反应。

　　任何生物体在生活过程中，对于外界环境都会产生一定的反射能力。这种反射能力有的是先天具备的，不需要一定的条件。但是，有的反射能力必须透过一定的条件（刺激），在非条件反射的基础上才能建立起来。

阿累尼乌斯（1859—1927），瑞典人，近代化学史上著名的化学家，同时又是一位物理学家和天文学家。电离学说的创立者。

小果蝇中的大奥秘

染色体是遗传物质的载体，是脱氧核糖核酸（DNA）以及核蛋白在细胞分裂时的呈现形式。

20世纪初，生物学家们在前人的基础上，开始研究染色体和遗传因子之间存在联系的问题。摩尔根就是其中一位杰出的科学家。他经过深思熟虑，放弃了前人用来做试验的各种材料，而是独具特色地选择了一种新材料，这是一种小昆虫，名字叫果蝇。果蝇比一般的苍蝇要小得多，它有一对翅膀，夏天常常喜欢围绕着腐烂的水果飞行，为此获得了这个名字。

以前，科学家们大多选择植物来研究染色体问题，比如已有重大成果的门德尔选择的就是豌豆。现在，摩尔根选择了果蝇，与豌豆存在着很大差别。比如，果蝇有雌雄之别，而豌豆是雌雄同体的植物；果蝇有几十个容易观察的特征，如个体的大小、触须的形状、眼睛的颜色以及翅膀的长短等等，而豌豆在这些方面的特征并不突出。这些都是它比豌豆更适合做实验材料的原因。

从此，摩尔根专注于果蝇的研究。他的实验室里培养了千千万万只果蝇，都被装在牛奶罐里，因此，同事戏称他的实验室为"蝇室"。

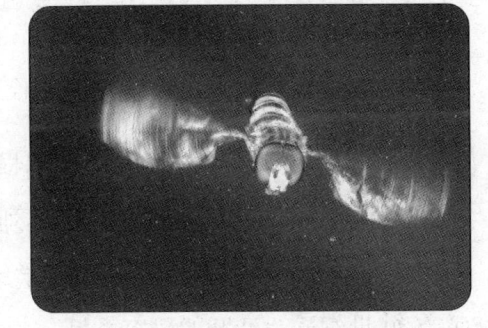

经过一段时间的试验,摩尔根发现了一只奇特的雄蝇,它的眼睛不像同胞姐妹一样是红色的,而是白的。对于这只果蝇,摩尔根倾注了很大的心血,他知道这只果蝇是个突变体,它将是以后试验的重点对象。

摩尔根小心谨慎地培养着这只果蝇,以至于出现了这样一段趣事。当时,摩尔根夫妇正好添了第三个孩子,当他去医院见他妻子时,妻子的第一句话就是:"那只白眼果蝇怎么样了?"可见,摩尔根及其家人都十分珍爱这只果蝇。

然而,白眼雄果蝇长得很虚弱。为了更好地将它培养长大,摩尔根极为珍惜这只果蝇,将它装在瓶子里,睡觉时放在身旁,白天又带回实验室。经过精心养育,这只白眼果蝇终于同一只正常的红眼雌蝇交配,留下了突变基因,繁衍成一个大家系。

摩尔根仔细观察这个家系的每个成员,发现它们全是红眼的。摩尔根不由得吃了一惊,因为这个结果说明,红对白来说,表现为显性,正合遗传学前辈门德尔的实验结果。接着,摩尔根又让白眼果蝇的子一代交配,结果发现了子二代中的红、白果蝇的比例正好是3:1,也合乎门德尔的研究结果。

摩尔根决心沿着这条线索追下去,看看动物到底是怎样遗传的。他进一步观察,发现子二代的白眼果蝇全是雄性,这说明性状(白)和性别(雄)的因子是连在一起的,而细胞分裂时,染色体先由一变二,可见能够遗传性状、性别的基因就在染色体上,它通过细胞分裂一代代地传下去。

"染色体就是基因的载体!"摩尔根太高兴了。此后,他推算出了各种基因在染色体上的位置,并画出基因所排列的位置图。基因学说从此诞生了,男女性别之谜也终于被揭开。从此遗传学结束了空想时代,重大发现接踵而至,并成为20世纪最为活跃的研究领域。为此,摩尔根荣获了1933年诺贝尔生理学及医学奖。

染色体是遗传物质的载体,是脱氧核糖核酸(DNA)以及核蛋白在细胞分裂时的呈现形式。正常人体每个细胞内有 23 对染色体,包括 22 对常染色体和一对性染色体。性染色体包括:X 染色体和 Y 染色体。含有一对 X 染色体的受精卵发育成女性,而具有一条 X 染色体和一条 Y 染色体者则发育成男性。

染色体有一定的形态和结构。形态结构或数量上的异常可造成染色体病。现已发现的染色体病有 100 余种,表现为流产、先天愚型、先天性多发性畸形以及癌肿等。染色体异常的发生率并不少见,在一般新生儿群体中就可达 0.5%～0.7%,染色体异常发生的常见原因有电离辐射、化学物品接触、微生物感染和遗传等。

欧姆(1787—1854),德国物理学家。他发现,在同一电路中,导体中的电流跟导体两端的电压成正比,跟导体的电阻成反比,这就是欧姆定律。欧姆曾荣获科普勒奖章。

科学常识

脚气病里的维生素

维生素是维持人体生命活动必需的一类有机物质,也是保持人体健康的重要活性物质。

维生素的发现是 20 世纪的伟大发现之一。

说起维生素的发现,还有段有趣的故事。1896 年,艾克曼在一个地方调查脚气病时,发现了一个有趣的现象,这里不仅人会生脚气病,就连家养的鸡也生脚气病。这让艾克曼很感兴趣,他决定用鸡来做实验,探索脚气病的病理。

一开始,艾克曼用常见的方法,试图寻找到脚气病病菌。于是,他把病鸡做了解剖,把它们的脚和内脏放在显微镜下观察,可是让他失望的是,根本找不到脚气病病菌!接着,他又在鸡饲料上做文章,将鸡的饲料进行严格消毒,还为它们挑选环境良好的鸡窝,意图改善环境,减少疾病发生。然而,这样做却依然没有任何改善,那些住进优良鸡场的鸡还是患上了脚气病,一批批死去。

艾克曼十分纳闷,不知道究竟问题出在哪里。这时,养鸡场的饲养员突然病了,只好请了一个新饲养员来养鸡。奇怪的是,自从新饲养员上任后,不到 3 个月时间,鸡场的情况大为改善。一群患上脚气病的病鸡慢慢恢复了健康,而且,其它鸡也不再患病了。

这可太神奇了,艾克曼简直有些不相信眼前的事实,他苦苦思索着,却无法想明白,到底发生了什么使得病鸡好转。

就在这时,老饲养员病好了,回来上班。在他重新接过自己的工作后,更加奇怪的事情又发生了:不到3个月,鸡场里的鸡又开始得脚气病了。

艾克曼看到这些变化,恍然大悟,事情一定和饲养员有关。于是,艾克曼放弃原先的研究方法,将目光放在饲养员身上。经过调查,他终于找到了其中的原因。原来,老饲养员为人节俭,不舍得浪费食堂里吃剩下的白米饭,总是用这些剩饭喂鸡;可是新饲养员呢,他不过临时替代别人工作,做的比较马虎,不肯花费时间去收集那些剩饭,只是简单地用米糠喂鸡。

问题的症结找到了,一定是两种饲料造成了不同的结果。为了验证自己的假设,艾克曼做了一个试验,他将一批健康的鸡分成两半,一半用白米饭喂养,一半用米糠喂养。不久他便发现,用白米饭喂养的鸡生脚气病了;而用米糠喂养的,却一直很健康。

艾克曼高兴地得出结论:"毫无疑问,脚气病一定和食物有关。"

之后,艾克曼继续研究,发现可治疗脚气病的物质能用水或酒精提取,当时称这种物质为"水溶性B"。1906年,证明食物中含有除蛋白质、脂类、碳水化合物、无机盐和水以外的"辅助因素",其量很小,但为动物生长所必需。

1911年,科学家丰克鉴定出在糙米中能对抗脚气病的物质是胺类(一类含氮的化合物),因为它是维持生命所必需的,所以建议将之命名为"Vitamine"。Vital 是生命的意思,而 amine 是胺的意思,合起来中文意思就是"生命胺"。后来,根据意译,定名为维生素。

科学常识

维生素是生命体活动必需的一类有机物质,是保持生命体健康的重要活性物质。

在生命体内,维生素形式多样,种类很多,这些维生素化学结构和性质都不同,在体内的作用也不一样。它们以维生素原的形式存在于食物中,不会产生能量,只参与机体代谢的调节;人体对维生素的需要量很小,但一旦缺乏,就会引发相应的缺乏症,对人体健康造成损害。

笛卡尔(1596—1650),法国伟大的哲学家、物理学家、数学家、生理学家。解析几何的创始人,现代哲学之父。创立了一种以数学为基础、以演绎法为核心的方法论。

"手指温度计"与砷中毒

金属砷因不溶解于水,是没有毒性的,但是,砷化物,特别是三氧化二砷,却是剧毒的。三氧化二砷,也就是砒霜。

罗伯特·威廉·本生1812年出生于德国的格丁根,他天生聪颖,19岁时就获得了博士学位。其后,他周游西欧3年,结识了许多志同道合的科学伙伴。

回国后,本生在哥廷根大学任教,开始试验研究砷酸的金属盐的可溶性。他发现了至今仍在使用的用氢氧化铁作为砷中毒的解毒剂的办法。

在无数次的试验中,本生经历了很大的磨难。有一次在试验中,一个试验瓶爆裂了,一块玻璃屑飞入他的一个眼珠,导致他一眼失明。但是这没有阻止他探索的脚步,他继续不停地努力着。为了能够找到解救砷中毒的解毒药,他长时间地接触砷,观察研究砷。当他终于发现了氢氧化铁可以解救砷中毒时,已经不幸身染重毒。

眼见这个现状,同事们非常担心,劝说他停止工作,休养治疗一段时间。可是本生毫不动摇,坚决地说:"不能休息,正好可以借机体验氢氧化铁解毒的效果。"

砷中毒太严重了,有一天,本生在试验中实在忍受不了,痛苦地躺了下去。这时,他让同事们为他使用氢氧化铁,这才慢慢缓过劲来。

本生在科学领域还有很多贡献，他使用硝酸成功地通过电解的方法获得了纯的金属，如铬、镁、铝、锰、钠、钡、钙和锂。他还与亨利·罗斯科合作研究出了使用氢和氯来制作盐酸等等。

在这些成就里，包含着本生艰苦的工作和努力，这可以透过一则被传为美谈的"手指温度计"的故事来说明。由于经常在实验室里工作，长期接触酸、碱等各种化学药品，本生的双手长满了老茧。在他完善了专门用于试验的法拉第发明的汽灯后，人们将这种新汽灯称作本生灯。当时，很多人向他请教关于本生灯的问题。

有一次，本生在为大家解释本生酒精灯的结构和性能时，直接将手指放在了酒精灯的火焰上，若无其事地对人们介绍说："我手指放的这个地方，大约是华氏300度。"

原来，长期在实验室里和酸碱打交道的本生，十指早就长出了厚厚的老茧，已经对高温没有任何感觉了。众人听罢，先是一惊，继而流露出佩服的神色，毕竟华氏300度的火焰不是什么人的手指都可以轻松放上去的。可见，本生为了科学，具有何等的奉献精神。

科学试验导致过本生砷中毒，也促使他发现了解救砷中毒的药物。

砷是一种广泛分布于自然界的金属，在土壤、水、矿物、植物中都存在着微量的砷。正常人体组织中也含有微量的砷。金属砷不溶解于水，没有毒性，但是,砷一旦与其它物质化合,形成砷化物,就具有毒性。比如,三氧化二砷,就是我们常说的砒霜,色白,无味,易溶于水,溶解度可高达30%,含有剧毒。

微量的砒霜就能引起中毒,砷进入人体内被吸收后,破坏了细胞的氧化还原能力,影响细胞正常代谢,引起组织损害和机体障碍,可直接引起中毒死亡。

但是,砷及其化合物并非一无是处,它们在工农业中有着广泛的用途,这也是科学家们坚持研究它的原因。农业上常用它们杀虫、毒鼠、灭钉螺;工业生产中砒霜及其化合物也常用于毛皮生产中的消毒、防腐、脱毛;玻璃工业中用作脱色剂等。

戴维·希尔伯特(1862—1943),德国数学家,是19世纪和20世纪初最具影响力的数学家之一,提出过新世纪所面临的23个问题。

关于 DNA 的万能复信

脱氧核糖核酸（DNA）是染色体的主要化学成分，同时也是组成基因的材料。在繁殖过程中，父代把它们自己 DNA 的一部分复制传递到子代中，从而完成性状的传播。

1962 年，诺贝尔医学和生理学奖奖给了三位科学家，他们分别叫沃森、克里克和威尔金斯。他们共同努力完成了 DNA 的双螺旋结构模型，取得医学和生理学方面的重大突破。说起来，还有一位科学家也参与了这项伟大成就的试验过程，他叫富兰克林，可惜因患癌症于 1958 年病逝而未能领奖。

这四个人的合作，还要从 1949 年说起。当时，克里克同佩鲁兹一起使用 X 射线技术研究蛋白质分子结构，在多次试验当中，他逐渐认识到 DNA 分子结构的重要性。在这个过程中，他遇到了对 DNA 分子结构同样感兴趣的沃森。他们相遇后，谈得十分投机。克里克虽比沃森年长 12 岁，但共同的事业理想使得两人很快成为至交好友，无话不谈。

由于两人都对 DNA 分子结构感兴趣，都认为解决 DNA 分子结构是打开遗传之谜的关键。所以，他们每天都要交谈至少几个小时，讨论学术问题。在不停的讨论中，两个人互相补充，互相批评，并且相互激发出对方的灵感。这天，他们又坐在一起讨论，克沃森说："只有借助于精确的 X 射线衍射数据，才能更快地弄清 DNA 的结构。"

"对，"克里克表示赞同，"威尔金斯教授是 X 射线衍射数据专家，我想请他周末到剑桥来度假。"

沃森激动地说："太好了。"

周末，威尔金斯如约前来，与克里克、沃森进行了长时间交谈。在交谈中，克里克和沃森向威尔金斯说明了他们的研究设想，认为 DNA 结构是螺旋型的，威尔金斯同意了他们的观点，并说："我的合作者富兰克林和实验室的其它科学家们，也都在思索着 DNA 结构模型的问题。"

得到威尔金斯的肯定和鼓励，克里克他们更加努力地工作，苦苦地思索 DNA 的 4 种碱基的排列顺序，一次又一次地在纸上画碱基结构式，摆弄模型，一次次地提出假设，又一次次地推翻自己的假设。

终于有一天，当沃森又在按着自己的设想摆弄模型时，有了一个重大突破。他把 4 种碱基移来移去，试图寻找各种配对的可能性。他做着做着，突然发现由两个氢键连接的腺膘呤—胸腺嘧啶对竟然和由 3 个氢键连接的鸟嘌呤—胞嘧啶对有着相同的形状，这让他大感兴奋。多少天来，他们一直弄不明白嘌呤的数目为什么和嘧啶数目完全相同，今天的试验看来能够解决这个谜团了。于是，他立即喊来克里克，两人投入到更加紧张的试验之中。不久，他们得到了 DNA 分子结构形状的基本构思：DNA 是双螺旋结构，其中两条链的骨架方向是相反的。

在他们紧张连续的工作下，DNA 金属模型的组装很快完成了。这个模型由两条核苷酸链组成，它们沿着中心轴以相反方向相互缠绕在一起，很像一座螺旋形的楼梯。望着模型，两人又高兴又紧张，由于缺乏准确的 X 射线数据，他们担心模型是否完全正确。于是他们再次请来了威尔金斯。两天后，威尔金斯和富兰克林做出了判断,透过X射线数据分析证实双螺旋结构模型是正确的。他们写了两篇实验报告同时发表在英国《自然》杂志上,并因此获得了1962年诺贝尔奖。

有趣的是,克里克获了诺贝尔奖后,名声大振,每天有大量的人来访和来信,使他应接不暇,无法工作。后来,他终于想出了一个好方法。他设计印制了一种"万能的复信",信上说:

"克里克博士对来函表示感谢,但十分遗憾,他不能应您的盛情邀请而给您签名;赴宴作讲演;参加会议;赠送像片;充当证人;担任主席;为您治病;为您的事业效劳;充当编辑;接受采访;阅读您的文稿;写一本书;发表广播讲话;作一次报告;接受名誉地位;在电视中露面……"

对方的来信提出什么要求,他就在相应的地方作记号答复。很快,他就从难于应付的困境中解放出来了。

DNA是英文Deoxyribo nucleic acid的缩写,中文名称脱氧核糖核酸,它由两条链构成,呈双螺旋结构,这两条链的骨架方向是相反的。

DNA主要存在于生命体的染色体中,是染色体的主要化学成分。在原核细胞中,染色体是一个长DNA分子,在真核细胞核中,有不止一个染色体,但每个染色体也只含一个DNA分子。不过它们一般都比原核细胞中的DNA分子大,而且和蛋白质结合在一起。除染色体DNA外,有极少量结构不同的DNA存在于真核细胞的线粒体和叶绿体中。

DNA分子在生命体中具有重要地位,它贮存有决定物种性状的几乎所有蛋白质和RNA分子的全部遗传信息;编码和设计生物有机体在一定的时空中有序地转录基因和表达蛋白完成定向发育的所有程序;初步确定生物独有的性状和个性以及和环境相互作用时所有的应激反应。所以,DNA 是表达生命个体的主要原因。而且,在繁殖过程中,父代会把它们自己 DNA 的一部分复制传递到子代中,从而完成性状的传播。就是说,父代的 DNA 与子代的 DNA 在很大程度上是一致的。可见,DNA 是生命体中的遗传基因。

沃森(1928—),美国分子生物学家。与克里克合作,提出了 DNA 的双螺旋结构学说。这一生物科学中具有革命性的发现,是 20 世纪最重要的科学成就之一。和克里克及威尔金斯一起获得了 1962 年诺贝尔生理学或医学奖。

科学常识

祖冲之的圆周率

圆周率是一个极其有名的数。圆周率是指平面上圆的周长与直径之比。作为一个非常重要的常数，圆周率最早是出于解决有关圆的计算问题的。

祖冲之是中国古代杰出的科学家,他在数学和天文方面都有突出的贡献。

祖冲之从小爱好数学和天文,对做官不感兴趣。当时,年轻的祖冲之在华林学省工作,这是一个专门研究学术的官署。他在工作期间,非常专心地钻研天文历法以及数学知识。结果,他发现当时使用的历法不够精确,于是开始了长期的观察研究,终于创制出了一部新历法。这部历法十分精确,测定出每一回归年(指的是两年冬至点之间的时间)的天数,跟现代科学测定的相差只有五十秒;还测定出月亮环行一周的天数,跟现代科学测定的相差竟然不到一秒。

这么精确可靠的历法,应该得到推行和实用。于是,祖冲之在公元462年,向南朝宋孝武帝上书,请求颁布新历法。孝武帝召集群臣,商议此事。结果,新历法很快遭到了保守派的攻击。攻击者以戴法兴为代表,他们认为,古历已经用了很多年,人们已经习惯了,而祖冲之擅自改变历法,如此叛经离道的行为,很容易招致百姓的叛逆之心。所以,为了稳固朝局,稳定百姓,不能颁布新历法。

听着如此荒唐可笑的言论,祖冲之以科学的态度反驳戴法兴,当场公布自己研究的各项资料,希望皇帝和群臣正确看待这件事。然而戴法兴是皇帝的宠臣,在朝中很有势力,他蛮横地打断祖冲之的话,说:"不管怎么说,历法是古人制定的,后代的人不应该改动!"

祖冲之毫不畏惧,坚持科学真理,严肃地说:"历法不需要空谈,需要事实根据,你要是有,只管拿出来,大家辩论。不要拿空话吓唬人!"

戴法兴哪懂什么科学根据,他恼羞成怒,回头请皇帝帮忙。

孝武帝宠幸戴法兴,认为他为自己的朝政着想,于是找了一些懂得历法的人跟祖冲之辩论,可是他们一个个全被祖冲之驳倒了。可惜即使事实摆在眼前,孝武帝依然不肯颁布新历。就这样,一部凝聚着无数心血的科学历法,直到祖冲之死了十年之后,才得到推行。

祖冲之在科学领域还做出过很多贡献,他发明了指南车、千里船、水碓磨等,方便了人们的生活,推动科学事业的发展。当然,他最有名的科研成就,应该是他经过长期的艰苦研究,计算出圆周率在 3.1415926 和 3.1415927 之间,成为世界上最早把圆周率数值推算到七位数字以上的科学家。

秦汉以前,人们都以"径一周三"为圆周率,西汉末年,刘歆在为王莽设计制作圆形铜斛的过程中,发现这一说法有误,真正的圆周率应该是"圆径一而周三有余",他经过进一步的推算,求得圆周率的数值为 3.1547。到了三国时期,著名的数学家刘徽在为《九章算术》作注时创立了新的推算圆周率的方法——"割圆术",用圆内接正多边形的周长来逼近圆周长。他设圆的半径为 1,把圆周六等分,作圆的内接正六边形,用勾股定理求出这个内接正六边形的周长;然后依次作内接十二边形,二十四边形……至圆内接一百九十二边形时,得出它的边长和为 6.282048,而圆内接正多边形的边数越多,它的边长就越接近圆的实际周长，所以此时圆周率的值为边长除以2，其近似值为3.14，而实际的圆周率应该比他大一点。这已经是最接近于正确值的圆周率了。

后来，祖冲之便按照刘徽的方法，反复推演，将圆周率推算到了3.1415926和3.1415927之间。他成为世界上第一个把圆周率的准确数值计算到小数点以后七位数字的人。

在科学历史上，圆周率是一个极其有名的数，几乎从有文字记载开始，这个数就引起了无数人的兴趣。圆周率简称π，指的是平面上圆的周长与直径之比。

在西方，圆周率的钻研较晚一些。15世纪，阿拉伯数学家卡西将π精确到小数点后17位数，打破了祖冲之保持千年的记录。1579年法国数学家韦达给出了圆周率的第一个解析表达式，此后π值计算精度迅速增加。1596年，德国数学家柯伦将π值进一步精确到了小数点后20位数，十几年后，他再次将π值精确到小数后35位数，该数值得到广泛认可，并用他的名字命名为鲁道夫数。18世纪以后，圆周率的研究更是广受关注，计算精度也不断增加，从而突破百位小数大关，达到808位小数值，成为人工计算π值的最高记录。

随着计算机的出现，圆周率的计算有了突飞猛进的发展。1949年，美国首次用计算机计算π值，一下子就突破了千位数。1989年美国哥伦比亚研究人员用巨型电子计算机算出π值小数点后4.8亿位数，后来又算到小数点后10.1亿位数，创下新的记录。

林奈(1707—1778)，瑞典植物学家、冒险家，他的最主要成果是建立了人为分类体系和双名制命名法，是近代植物分类学的奠基人。

冰核讲述的环境变化

冻结核和凝华核总称为冰核。冰核不要求能溶解于水，但要求其分子结构与冰晶相类似，便于水分子在核面上按一定的规则排列成为冰晶。

罗尼·汤普森是美国冰河地理学家，他致力于热带冰河的研究，并取得了杰出成就。

汤普森为什么在大多数地质学家热衷于南北极地区的研究时，独辟蹊径，专门攻研热带冰河呢？

原来，他有一次和同事攀爬非洲的乞力马扎罗山时，遇到了一个新问题。乞力马扎罗山是一座位于热带地区的雪山，山下四季炎热，山顶上却常年积雪，形成蔚为奇特的景象。当年，海明威曾形容它为"伟大，崇高，令人难以置信的洁白"，因此，它在世人心中保持着不朽的地位。可是，当汤普森和同事们到达山顶，采集冰核时，他们对采集到的冰核产生了疑问。

一位同事拿着手里的冰核，对汤普森说："这上面有很多小洞，是不是也是空气偶尔渗进去形成的？"

汤普森接过这块玻璃般光滑的冰核,看到它表面布满了小孔,凭借他多年的职业眼光,他一下子就断定:"这些小洞不是空气形成的,而是冰雪融化后,雪水流淌时留下的沟槽痕迹。"

"真的吗?"同事大吃一惊。

汤普森自己也十分震惊,他知道,如果这些小洞真是冰雪融化的痕迹,那么就说明伟大的乞力马扎罗山正在融化,这可不是一个令人乐观的信号。

为了证实自己的推测,汤普森和同事把冰核带回了美国实验室,把它放进超低温冷藏柜中,进行了进一步研究。结果,他们证实了自己的推断,并且推断出按照目前融化的速度,15年之后,乞力马扎罗山上的冰雪就有可能消失殆尽了。

对于这个发现,汤普森投入了极大的精力,他开始在各地的雪山上攀爬,采集各座山上的冰核,并把它们一一放进实验室的冰柜中,他说:"我要赶在积雪消融之前,攀登更多的高峰,收集记录能反映地球气候变迁的宝贵的信息冰核。"

冰核能反映出地球上气候的变迁情况吗?答案是肯定的,这是因为高山上的陈年冰核如同树木年轮一样,长年扮演着大自然忠实记录员的角色,为所在地区相当精确地记录了一份几个世纪里温度和降水量等气候变化的信息。

汤普森孜孜以求地进行着"地质解密"工作,将珍藏在大自然天然博物馆中的宝贵数据——冰核收集起来,进行研究探秘。这样,他成功地抢救并破解出了许多地质记录,为科学界奉献了一份新的有用信息。比如,他在1983年从采自秘鲁南部奎尔卡亚冰峰的样品中,重建了一份近1 500年来秘鲁的气候从湿润到干燥的变化过程,可作为该地区1 500年来文明兴衰的自然注解。1987年,他成功破译了中国青藏高原近4万年的地质演变史,紧接着又于1992年成功解读了中国古老冰层近76万年的演变史。除此之外,汤普森还有力地证明了,从美洲南部的安第斯山脉到亚洲中部喜马拉雅山的环热带冰河地带,在2万年前的气候比现在科学家们设想的要寒冷得多。

关于冰核,大多数人也许知之甚少,不知道它为何物。其实,冰核是冻结核和凝华核的总称,它的分子结构和冰晶类似,核面上的水分子按一定规则排列成冰晶。在气象学中,冰核的地位非常重要,作用很大。

云体的中部是冰水共存的区域,在这种既有水滴又有冰晶、雪花的混合云体里,水汽很容易直接凝华在冰晶上,并使冰晶迅速增大为冰粒。当冰粒大到0.1毫米时,就会随着云中的垂直气流上下来回翻腾,一路上与过冷水滴、冰晶及雪花相互碰撞,逐渐凝结成一个不透明的白色冰核,也就是"冰雹胚胎"。冰雹胚胎反复的凝结,越来越大,当空气中的气流再也托不住它的时候,它便落到了地上,成为冰雹。冰雹是冰核的主要形式之一。

利斯特(1827—1912),英国医学家,1860年当选为英国皇家学会会员,并担任过该会会长。利斯特对人类的一大贡献,就是外科消毒法的发明,这一发明挽救了亿万人的生命。

灰色的金子

龙涎香是名贵的香料和中药材，实际上它是抹香鲸在吞食墨鱼、章鱼后，胃肠道分泌出的一种灰黑色的蜡状排泄物。

在沙特阿拉伯的科特拉岛上，生活着以捕鱼为生的渔民，他们日日出海，忙碌在辽阔的大海边，见识了各种各样的鱼类。在当地人心目中，大海中最伟大的生物就是鲸鱼，它们体型硕大，食量惊人，恐怕没有其它生物可与之相比。而且，当地人还十分喜欢一种头部巨大的鲸鱼，亲切地称呼它们为"巨头鲸"，因为它能散发特殊的香味，所以又称它抹香鲸。

有一年，一位上了年纪的渔民像往常一样来到大海边捕鱼时，发现了一条停在岸边的大鲸鱼！老渔民十分谨慎地走过去，口里念叨着："这么大的鲸鱼怎么躺在这里不动了？发生了什么意外？"当他仔细检查了鲸鱼，发现它已经死去时，感到又惊又喜，忙回家喊来亲朋好友观看这条大鲸鱼。人们惊喜地涌到岸边，围着鲸鱼又笑又跳。完成了简短的仪式之后，老渔民决定剖杀鲸鱼。鲸鱼太大了，剖杀工作异常辛苦，但是老渔民并不松懈，干得十分起劲。当他剖开鲸鱼的肚腹，更大的惊喜出现了，鲸鱼的肠道里有一块龙涎香！这可是极其珍贵的物品，老渔民发财了。

这件事一传十，十传百，不胫而走，引起海洋生物学家的高度重视。长久以来，人们对于海中漂浮着的一些灰白色清香四溢的蜡状漂流物十分感兴趣，它们大小不等,有一股强烈的腥臭味,但干燥后却能发出持久的香气,点燃时更是香味四溢,比麝香还香,是古往今来最珍贵的香料。由于人们不知道它的来历,中国古代的炼丹术士说这是海里的"龙"在睡觉时流出的口水,滴到海水中凝固起来的,因此为它取名"龙涎香"。但在国外,对于龙涎香的来历,还有各种说法,有人认为它是海底火山喷发形成的;有的说是海岛上的鸟粪飘入水中,经过长时间的风化而成的;有的说这是蜂蜡,在海水中经过漫长的漂浮生成的;还有的说这是一种特殊的真菌。尽管说法众多,却没有一种是有科学根据的。所以,当海洋生物学家听说在鲸鱼体内发现了龙涎香后,自然格外关注。

经过海洋生物学家研究,很快揭开了龙涎香的秘密:原来,大乌贼和章鱼口中有坚韧的角质颚和舌齿,很不容易消化,当抹香鲸吞食了它们后,颚和舌齿在胃肠内积聚,刺激了肠道,肠道就会分泌出一种特殊的蜡状物,将无法消化的残骸包起来,慢慢地就形成了龙涎香。有时抹香鲸会将凝结物呕吐出来,有时会通过肠道排泄出来,这样就有了人们在海上发现的蜡状漂浮物。

龙涎香是抹香鲸的肠内分泌物的干燥品。抹香鲸在吞食墨鱼、章鱼后,胃肠道会分泌一种灰黑色的蜡状排泄物,在海水的作用下,这种物质渐渐地变为灰色、浅灰色,最后成为白色。白色龙涎香经过了百年以上海水的浸泡,杂质已全漂洗出来,质量最好。

自古以来,龙涎香就作为高级的香料使用,香料公司将收购来的龙涎香分级后,磨成极细的粉沫,溶解在酒精中,再配成5%浓度的龙涎香溶液,用于配置香水,或作为定香剂使用。所以,龙涎香的价格昂贵,差不多与黄金等价。

除去作香料外,龙涎香还是一种名贵中药材,它味甘、气腥、性涩,具有行气活血、散结止痛、利水通淋、理气化痰等功效;用于治疗咳喘气逆、心腹疼痛等症。

放射性元素镭的光芒

放射性元素能够自发地从原子核内部放出粒子或射线，同时释放出能量，这种现象叫做放射性，这一过程叫做放射性衰变。

在科学领域内，许多发明都经过了不同寻常的历程，而居里夫人发现镭元素，更是充满了艰辛和神奇的色彩。

当年，人们刚刚知道有一种稀有金属叫做铀，能发出具有穿透能力的射线，这就是 X 射线。居里夫人知道这个消息后，立即联想到，也许还有其它物质具有类似铀的放射能力。于是，她与丈夫一起开始证实自己的假想。

夫妇二人亲自动手，将一间储藏室改造成小实验室。这间屋子非常简陋，没有任何装设，也没有地板，只有一个破旧的火炉子，还有几条长短不一的凳子，以及一块旧黑板。居里夫妇就在这里开始了艰苦的试验。

透过观测，居里夫人认为一种沥青铀矿中含有某种放射能力较强的元素，不过这种元素从来没有被发现，是一种新元素。居里夫人为了便于试验，提前为这种未曾谋面的元素取名为"镭"，这也许是惟一在发现之前就有名字的元素吧。

此后，居里夫妇决定从沥青铀矿中找出新元素。可是，沥青铀矿非常昂贵，他们购买不起，为了节省费用，他们只好购买大量提炼过铀的沥青铀矿的残渣，这样比较便宜。之后，他们在实验室外面的院子里架起提炼设备，一年四季努力地工作着。露天环境下，冬天冷夏天热，遇到阴雨天气，他们还要手忙脚乱地把机器往屋里搬，辛苦不堪。

可是，为了找到新元素，他们以苦为乐，全身心投入到了工作中。每天一大早，他们就穿着沾满灰土、染着各种液体的工作服，将盛放沥青铀矿残渣的锅烧开，守在旁边，不停地用铁棍搅动着锅中沸腾的矿物。这时，煤烟缭绕，有毒的气体熏人，刺激着他们的眼睛和嗓子，十分难受。工作既艰苦单调，又很难进展，一连3年过去了，他们还是没有找到镭。有一次居里先生有些烦躁地说："太艰苦了，我们先停一段时间再干吧。"

居里夫人摇摇头说："不，我不会放弃，我们一定要找到镭。"

为了鼓励丈夫，每当工作累了的时候，居里夫人就会和丈夫坐在一起，聊聊自己心中镭的样子，她说："镭会有一种美丽的颜色，非常好看。"

居里先生在妻子的鼓励下，重新燃起奋斗的信心，工作更加努力。

终于，镭在一个特殊的夜晚出现了。

这天，居里夫妇像往常一样在实验室工作，天黑后，他们收拾物品，赶回家中。晚上，他们躺在床上难以入睡。居里夫人觉得心里有股不安定的感觉，她思来想去，对丈夫说："我们回到那里去看看好吗？"

她说的"那里"指的是他们的实验室。居里先生似乎也感到有些异样，拉着妻子的手离家上路了。月色朦朦，脚步匆匆，夫妇二人感觉实验室里有股强大的力量在召唤他们，这是什么呢？

科学常识

穿街过巷,走过一片住宅区,他们走到了小小的实验室前。居里先生打开门,只听妻子轻声说:"亲爱的,别点灯!我们不是希望镭有美丽的颜色吗?"

居里先生认真地点点头,一边拉着妻子的手,一边说:"那好,让我们来看看。"

他们走进去,看到了神奇的一幕。黑暗的房间里,一团若有若无的蓝光在闪烁着、跳跃着,像是夏夜里的一只萤火虫。望着这美丽的蓝光,居里夫人激动地握紧了丈夫的手。她知道他们成功了,这种美丽的光就是神秘元素镭发出的光。

居里夫人发现的镭是一种放射性元素。要想了解放射性元素,首先需要知道什么叫放射性。有一些元素,能够自发地从原子核内部放出粒子或射线,同时释放出能量,这种现象就叫做放射性,这一过程叫做放射性衰变。具有放射性的元素统称为放射性元素。

含有放射性元素的矿物叫做放射性矿物,从中可以提取放射性元素,用于科学研究以及工农业生产。以镭为例,由于镭的辐射具有强大的贯穿能力,所以发现不久,便用来治疗恶性肿瘤;又因为镭盐在暗处可以发光,人们用它来涂制夜光表盘。如今,核电站的核原料、工农业中的放射性标记化合物等,都是放射性元素在担当重任。

居里夫人(1867—1934),法国籍波兰科学家,研究放射性现象,发现镭和钋两种放射性元素。一生两度获诺贝尔奖,分别是1903年诺贝尔物理学奖和1911年诺贝尔化学奖。

惰性气体现形

最不喜欢结合的元素是一组被称作"惰性气体"的元素。惰性气体共有六种，按照原子量递增的顺序排列，依次是氦、氖、氩、氪、氙、氡。

拉姆塞是苏格兰化学家，他因发现惰性气体而闻名于世，获得了1904年诺贝尔化学奖。

1894年，拉姆塞和瑞利经过多年研究实验，发现空气中存在一个未知的新元素，它和氧气、氮气一样，就在我们周围。这年，他们参加了在英国的科学城牛津举行的自然科学大会，会上，他们向所有自然科学家们宣布了他们的新发现，并准确指出每立方米空气中大约有15克这种气体，在开会的大厅中就有几十公斤这种气体。他们还同时指出，这种新气体几乎不与任何元素起化学反应，所以，他们为它取名叫"氩"，是希腊文"懒惰"的意思。

这个新发现引起与会科学家们极大的好奇，他们对此给予了热情的关注。第二年，拉姆塞接到了化学家梅尔斯的一封信，信中告诉他一个情况，美国地质学家希莱布兰德在做试验时，曾经把钇铀矿放在硫酸中加热，结果冒出的气体很奇怪，既不能自燃，又不能助燃，他当时认为这是氮气。可是他听说了拉姆塞发现的新气体后，觉得这种气体有可能是氩气，所以特意写信告知，提醒他说不定钇铀矿中含有铀和氩的化合物。

看了信后，拉姆塞十分激动，他立即投入到重复希莱布兰德的实验之中，果真收集到几立方公分的气体。他对这种气体进行光谱分析,研究它的成分和结构,却发现了意想不到的事情,这种新收集到的气体光谱显示,它既不是氮,也不是氩。也就是说,它是一种全新的气体。那么,它是什么呢?

拉姆塞在惊奇之余,将所知道的各种物质的光谱都重新回忆了一下,可是仍然没有发现哪种物质跟它相似。他不由地陷入困惑之中。经过反复思索,他突然想起了一件事,27年前,科学家约翰逊和罗克耶尔曾经发现了太阳上的氦,新气体会不会和氦有相同之处?想到这里,他立即核对两种物质的光谱线,结果发现大致一样。这让拉姆塞非常兴奋,但他没有仪器来精密地确定谱线在光谱里的位置。于是,他决定请英国当时最好的光谱专家克鲁克斯帮忙。

这样,这种由梅尔斯提供信息、由拉姆塞研究发现的新气体的谱线就交到了克鲁克斯的手里。拉姆塞告诉他:"这是一种新气体,我觉得应该为它取名氦,请您确定一下新气体的谱线的位置。"

很快,拉姆塞收到了克鲁克斯发来的电报,内容只有几个字,写着:"氦——就是氦,请来看。克鲁克斯。"他的鉴定说明,27年前在太阳上发现的氦也在地球上找到了。

拉姆塞发现了氦之后,拿了许多物质与它发生反应,结果证明,氦和氩一样不会跟任何物质化合,也是惰性气体。后来,拉姆塞又陆续发现了氪和氙两种新惰性气体,为惰性气体的发现和研究做出了巨大贡献。

最不喜欢结合的元素是一组被称作"惰性气体"的元素。这组元素包括6种气体,分别是氦、氖、氩、氪、氙、氡。它们存在于大气之中,通常情况下,以单个原子的形式存在,不与其它任何元素化合。而且,每种惰性气体的原子与原子之间也不愿互相靠近,难以形成液体状态,因而在常温下,它们都不会液化。

惰性气体为什么如此"懒惰"呢？原来，在不同物质间，一个原子向另一个原子转移电子或与另一个原子共享电子，这就叫相互化合。惰性气体却不愿这么做，它们的原子中的电子分布得非常匀称，需要输入很大能量才能改变其位置，而这种情况是很难发生的，所以，它们总是保持一种状态，很少发生变化，也不与其它元素"交往"，显得十分"懒惰"。

希波克拉底（前460—前377），被西方尊为"医学之父"的古希腊著名医生，欧洲医学奠基人，古希腊医师，西方医学奠基人。提出"体液学说"。

邓稼先满脑袋的原子核

原子核简称"核"。位于原子的核心部分，由质子和中子两种微粒构成。原子核的能量极大。当一些原子核发生裂变或聚变时，会释放出巨大的原子核能，即原子能。

1950年的夏天，邓稼先在美国取得了博士学位，他放弃良好的工作条件和优厚的待遇，毅然回到一穷二白的中国。这年中国国庆节，北京外事部门设宴招待归国学者和科学家，在会上，有人问邓稼先带了什么回来？他回答："我带了几双眼下中国还不能生产的尼龙袜子送给父亲，还带了一脑袋关于原子核的知识。"

后来，邓稼先接受国家安排，全身心扑在了中国研制原子弹的事业上。当时，生活条件非常苦，经常缺吃少喝，可是困难没有吓倒邓稼先，他带领同事们奋斗在第一线，日夜加班，不畏险难。他在试验场顾不上妻子家人，度过了整整10年的单身汉生活，有15次在现场领导核试验，从而掌握了大量的第一手材料。

除了生活困难外，研究原子核还面临极大的危险，因为这种工作一不小心就会受到核辐射，严重损伤身体健康。邓稼先在长期担任核试验的领导工作中，总是身先士卒，在最关键、最危险的时候出现在第一线，毫无惧色。特别是在核武器插雷管、铀球加工等生死系于一发的险要时刻，他都站在操作人员身边，给工作人员极大的鼓励和信心，保障工作顺利进行。

有一次，航投试验时出现了降落伞事故，原子弹坠地被摔裂。邓稼先见此情景,虽然深知危险,却一个人抢上前去把摔破的原子弹碎片捡起来,拿到手里仔细检查。这件事情传到他妻子的耳中,身为医学教授的妻子大感吃惊,因为她知道,摔裂的原子弹具有强烈的核辐射,不要说拿它了,就是接近它也很危险。于是,在邓稼先回北京时,妻子强拉他去检查。结果果然出了问题,在邓稼先的小便中发现带有放射性物质,肝脏受损,骨髓里也侵入了放射物。

妻子要求邓稼先留在北京休养,可是心念原子核的邓稼先哪肯放弃自己的事业,他坚持回核试验基地,继续工作。1985年,邓稼先拖着病体,无奈地离开试验基地罗布泊回到北京。他十分渴望参加原子核会议,可是医生强迫他住院并通知他已患有癌症。邓稼先无力地倒在病床上,平静地对妻子说:"我知道这一天会来的,但没想到它来得这样快。"他多么希望继续工作啊。

原子核是科学领域内比较新兴的一门知识。1911年,英国科学家卢瑟福在用 α 射线照射金箔的实验中,发现大部分射线都能穿过金箔,而少数射线发生了偏转,他由此认为,原子内含有一个体积小而质量大的带正电的中心,这是原子核首次被发现。

原子核很稳定,一般不会发生分裂。但是它也可以发生两种变化,一是裂变,指的是原子核分裂为两个或更多的核;一是聚变,指的是轻原子核相遇时结合成为重核。这两种情况一旦发生,会释放出巨大的原子核能,即原子能。

原子核在很多科技领域都得到应用,比如军事上,用来制造核武器,产生的威力十分强大。另外,它在医学、科研等各个领域也都有应用。

不求名利的诺贝尔

诺贝尔奖创立于 1901 年，它是以瑞典著名化学家、工业家、硝化甘油炸药发明人诺贝尔的部分遗产作为基金创立的。分设物理、化学、生理或医学、文学及和平五项奖金，授予世界各国在这些领域对人类作出重大贡献的人或组织。

诺贝尔是世界知名的伟大科学家，他从小受父亲影响，对研究炸药很有兴趣。经过努力钻研，他制造了炸药，开发了油田，赚了很多钱，拥有数不清的财富。可是，炸药自此发明后，就被用于战争，因此导致了无数战争的发生，造成无数人丧命，这让诺贝尔十分痛心，他呼吁世人把火药用于和平，不要点燃战争。为此，诺贝尔用他的巨额财产成立基金，每年奖励给世界上对物理、化学、生理或医学、文学、和平事业有杰出贡献的人。从此以后，诺贝尔奖成为了世界上最重要、最知名的奖励之一，谁能获奖，将是无上的荣耀。

然而，诺贝尔本人却十分谦虚谨慎，从来不吹嘘夸耀自己的成就。有一次，诺贝尔正在实验室里忘我地工作。他哥哥推门进来，对他说："诺贝尔，我正在整理我们家族的家谱，你是闻名世界的大人物，家谱里应该有你的自传。可是你迟迟不写，这怎么行呢？"诺贝尔头也没抬，继续着自己的试验，说："哥哥，不用吧。"诺贝尔的哥哥已经多次找诺贝尔议论此事了，他一听，知道弟弟还是不肯写自传，就劝说道："弟弟，你应该明白，写自传不是为你自己，而是为我们整个家族呀！你知道，你的自传会给我们家族增光添彩！"诺贝尔低着头，想也没想就说："不管为谁，写自传都没有必要。"诺贝尔的哥哥耐着性子，反复劝说，最后,甚至以哀求的口气说:"弟弟,我知道你是怕耽误时间。这样吧,你就说说,我来记录、整理,怎么样?"诺贝尔看到哥哥如此坚持,只好放下手里的工作,盯着哥哥的眼睛说:"我实难从命。我不能写自传,宇宙浩渺无际,其间的恒星如同沙粒一样那么多、那么渺小。而我们人类,比起这些来是无足轻重的,有什么值得写的!"听了他的这番感慨,哥哥明白了,诺贝尔认为自己做的一切只是为人类该做的一点点事而已,他不想拿对人类的一点点贡献去换取荣誉。最终,诺贝尔的哥哥只好叹息着走了。诺贝尔又埋头做起实验来。

从诺贝尔无视名利的故事中,我们看到了这位世界伟人的风采。他的伟大贡献不仅在于他的创造发明,还体现在他创建的诺贝尔奖上。

诺贝尔奖创立于1901年,这一闻名于世的奖项是以诺贝尔的部分遗产作为基金创立的。1895年,诺贝尔在临终前,立下遗嘱,提出将部分遗产(3 100万瑞典克朗,当时合920万美元)作为基金,基金放于低风险的投资,以其每年的利润和利息分设物理、化学、生理或医学、文学及和平五项奖金,授予世界各国在这些领域对人类作出重大贡献的人或组织。根据诺贝尔的遗言,1900年6月,瑞典政府批准设置了诺贝尔基金会,并于次年诺贝尔逝世5周年纪念日,即1901年12月10日首次颁发诺贝尔奖。从此以后,除因战时中断外,每年的这一天分别在瑞典首都斯德哥尔摩和挪威首都奥斯陆举行隆重的授奖仪式。

1968年,瑞典中央银行于建行300周年之际,提供资金增设诺贝尔经济奖,1990年诺贝尔的一位重侄孙克劳斯·诺贝尔又提出增设诺贝尔地球奖,授予杰出的环境成就获得者。至此,诺贝尔奖扩置为七项。

一个多世纪以来,诺贝尔奖已经深入人心,成为世界上最伟大的奖项之一。不管时间如何变化,它的宗旨不变:评选的唯一标准是成就的大小。获奖人不受任何国籍、民族、意识形态和宗教的影响,体现了平等原则。

第二章

科学发明

爱迪生的发明

发明指的是应用自然规律为解决技术领域中特有问题而提出创新性方案、措施的过程和成果。

爱迪生是举世闻名的"发明大王",他一生共发明了电灯、电报机、留声机、电影机、磁力析矿机、压碎机等等总计两千余种东西。他的发明对改进人类的生活方式做出了重大的贡献。他的成功来自于他强烈的求知欲望,也来自于他孜孜不倦的研究精神。

爱迪生从小十分爱动脑,遇事总爱追问个为什么。然而,他只上了三个月小学就辍学了。原因是老师认为他太笨了,无法接受正常教育。爱迪生的母亲十分了解自己的儿子,她听了老师的评论后,没有像普通的母亲那样打骂儿子,也没有放弃对儿子的教育,而是把他领回家,亲自指导教育他。就这样,爱迪生依靠母亲的教导和自修获取了很多知识,为以后从事发明创作奠定了基础。

爱迪生一生非常珍惜时间,他总是说:"最大的浪费莫过于浪费时间了。人生太短暂了,要多想办法,用极少的时间办更多的事情。"

有一次,他在实验室里交代助手一项任务,让他量量一个空灯泡的容量。

助手接过灯泡后,想了想就拿着软尺测量灯泡的周长、斜度,并拿了测得的数字伏在桌上计算。爱迪生等了半天,不见助手过来告诉自己灯泡的容量,不解地走过去观看。他看到助手费力的工作,摇着头说:"怎么费那么多的时间呢？你可以想出更快捷方便的办法。"说着，他拿起那个空灯泡，向里面斟满了水，然后再次交给助手说："里面的水倒在量杯里，马上告诉我它的容量。"

助手恍然大悟，立即读出了容量的数字。

事后，爱迪生说："科学发明就是多动脑，多思考，争取在最短的时间内解决最多问题。你看，测量方法有很多种，你怎么就想不到最准确、最省时的方法，而在那里算来算去，白白浪费时间呢？"

助手听了，脸色一红，他明白了一件事情，爱迪生能够发明那么多东西，正是在于他珍惜时间、勤于思索、勤于寻找问题最佳答案的结果。

发明是科学领域的重要课题，指的是应用自然规律为解决技术领域中特有问题而提出创新性方案、措施的过程和成果。发明的成果内容很多，包括提供前所未有的人工自然物模型、提供加工制作的新工艺、新方法。机器设备、仪表装备和各种消费用品以及有关制造工艺、生产流程和检测控制方法的创新和改造，都属于发明。

发明有两大特点，先进性和目的性。先进性指发明不仅要提供前所未有的东西，更重要的是要提供比以往技术更为先进的东西；目的性是指发明必须有应用价值的创新，有新颖的和先进的实用性。

央斯基（1905—1950），美国著名无线电工程师、天文学家。1931年1月，他在14.6米的波长上接收到来自银河系中心方向的射电辐射。于是，人类第一次捕捉到了来自太空的无线电波，射电天文学从此诞生了。这是天文学发展史上的又一次飞跃。

臭烘烘的科学研究

科学研究一般是指利用科研手段和装备，为了认识客观事物的内在本质和运动规律而进行的调查研究、实验、试制等一系列的活动。

科学史上，也许没有哪位科学家,会像费雪一样,以"臭"闻名于世了。

费雪年轻时,跟随贝耶尔教授到慕尼黑大学,做了一名助教。其实,已经取得博士学位,在科学界小有名气的他,完全可以受聘为教授。可他认为贝耶尔教授是一位非常好的老师,在他身边可以学到很多东西。这样,不顾亲朋好友的反对,费雪毅然放弃当教授的机会,跟随老师去了慕尼黑。

刚到慕尼黑大学,费雪没有教学任务,他把所有心血用在科学研究上。当时,在贝耶尔教授的指导下,他负责进行有关苯肼项目的研究,这个项目首先做的试验就是合成粪臭素。

这是一个难度很大的实验,而且粪臭素散发出的臭味几乎无人可以忍受。就在这样艰苦的环境下,费雪一心扑在实验上,毫不介意衣服、头发和皮肤上沾染的粪臭素,似乎闻不到恶臭的气味。经过无数次试验,终于成功地合成了粪臭素,费雪特别高兴,他跳起来预备和同事们庆祝时,发现实验室里只剩下他一个人了。原来实验室里臭气冲天,熏得谁也待不下去了,大家都逃到外面"避难"去了。

在费雪研究粪臭素的过程中,还发生过一则有趣的故事：

费雪是一位歌剧爱好者。当时,他除了在实验室搞实验,惟一的嗜好就是去看演出。只要音乐厅、歌剧院有演出,他是必到的观众。有一天,他听说一家外国剧团来到慕尼黑,要演出著名歌剧,他很激动,在实验结束后,他便匆匆收拾好所有实验用品,赶紧动身前往歌剧院。

费雪兴冲冲地赶到剧院,发现了一个奇怪的现象,大家似乎都对他报以异样的目光,而且有意躲避自己。费雪有点纳闷,但他没有怎么放在心上,而是专心地找自己的座位,希望快点坐下来,也好观看演出。等费雪坐到位子上,情况更加奇怪了:他周围的观众立即表现出十分奇特的表情,他们交头接耳,议论纷纷,而后齐刷刷地掏出手绢捂住鼻子,像躲避瘟疫一样转过身子,不敢接近费雪。更为敏感的人还做出一副逃离的姿势,好像无法忍受费雪这个人。

费雪好奇地看着人们的表现,不明白到底出了什么问题。

突然,有人大声叫了一嗓子:"哪里来的臭气,谁把这个刚从马棚出来的马夫放进剧场来了!"听到喊声,费雪如梦初醒,他这才明白自己身上的臭气太重了,给观众带来了极大的不便。想到这里,费雪连忙起身,匆匆离开了剧场。

长期处在恶臭的实验室,费雪对臭味已经习惯了,可歌剧院是高雅的地方,人们哪容他坐在里面。从此以后,尽管费雪多次认真洗澡,又从里到外换衣服,但是臭味依然不除,就像是从身体里散发出来的一样。一开始,费雪非常懊丧,觉得臭味影响了自己看歌剧,转念一想,为了自己的研究,这点牺牲算不了什么。所以,喜爱歌剧的费雪再也没有进过剧院,忍痛割爱地放弃了这一爱好。但对于我们来说,费雪在科学领域卓著的成就,应该受到所有人的尊重。

粪臭素是一种特别有趣的玩意。它的化学名为 Skatole,又叫 3-甲基吲哚,是一种白色或微带棕色的结晶。因为可以从粪便中提取,又有强烈的粪臭味,

科学发明

所以一般称它为粪臭素。

粪臭素对光敏感,如长时间放置则会逐渐变为棕色,遇到亚铁氰化钾和硫酸能产生紫色。能溶于热水、醇、苯、氯仿及醚。除了粪便,它还存在于甜根、蜜腺樟木、煤焦油等中。

有趣的是,虽然蛋白质、氨基酸等的腐败分解产物会产生大量的粪臭素,导致食物散发出强烈的臭味,但另一方面,粪臭素却又是一种食物添加香料。原来,粪臭素经大量稀释后会产生一种令人愉快的香味,因此它经常被加入干酪、坚果、葡萄等制品中,以增添食物香味。

伏特(1745—1827),意大利物理学家,1800年3月20日他宣布发明了伏特电堆,这是历史上的神奇发明之一。

壶盖冲开的蒸汽机

简单蒸汽机主要由汽缸、底座、活塞、曲柄连杆机构、滑阀配汽机构、调速机构和飞轮等部分组成。从锅炉来的新蒸汽，经主汽阀和节流阀进入滑阀室，受滑阀控制交替地进入汽缸的左侧或右侧，推动活塞运动。

瓦特1736年1月19日出生于英国苏格兰的一个小镇——格林诺克城。在他的故乡，家家户户都是生火烧水做饭。对这种司空见惯的事，有谁留过心呢？小瓦特就留了心，而且从中受到了很大的启发。他帮助祖母做饭时，发现厨房灶上的水壶里时常沸腾着开水。开水不住地沸腾着，壶盖啪啪啪地作响，不停地往上跳动。每当这时，瓦特就会观察好半天，而且很奇怪，不知道水壶里到底有什么东西，使得壶盖如此剧烈地乱跳？有一天，他实在忍不住了，就问祖母："是什么使壶盖跳动？"

祖母想也没想就回答："水开了，所以就会跳啊。"瓦特还是不明白，他追问："为什么水开了壶盖就跳动？是什么东西推动壶盖呢？"祖母正忙着做饭，哪有功夫理会好奇的瓦特，她一面倒水，一面吩咐说："小孩子问这么多事情干什么？有什么用吗？还不快去帮我提水！"瓦特没有得到答案，心里很不舒服，他只好默默地走出去帮祖母提水。然而，他心里一直没有放下自己的问题，他始终在想，到底是什么东西使壶盖跳动？

接下来的几天，他一直蹲在火炉旁边细心地观察着。他发现，水壶里刚刚装满水放到炉子上时,壶盖很安稳,一点动静也没有。过了一会儿,壶里发出哗哗的水响声,但是壶盖还没有动。不一会儿,壶里的水开了,一股强大的水蒸汽冒出来,推动壶盖开始跳动。随着蒸汽不住地往外冒,壶盖也不停地跳动着,好像有魔法的舞蹈一般。看着这个过程,瓦特高兴得几乎叫出声来,他不停地揭开壶盖,再盖上,反复多次,以求验证壶盖跳动的原因。终于他发现,水蒸汽是推动壶盖跳动的力量。除此以外,别无他因。当时,他还把厨房的杯子、铁勺等放到水蒸汽喷出的地方,观察它们跳动的情况。

就在瓦特不知疲倦地观察水蒸汽时,祖母走了过来,奇怪地看着他说:"这孩子,怎么这么调皮,在这里玩起水壶来了。小心烫伤你,快到别处去玩吧。"不明就里的祖母还以为瓦特在玩水壶呢,根本没有想到这是小瓦特在进行科学观察和试验。

瓦特一直没有忘记这件事。后来,瓦特长大了,他把当时较为简陋的蒸汽机改成为发动力较大的单动式发动机。1782年,经过多次的反复研究后,瓦特完成了新式蒸汽机的试制工作。机器上有了联动装置,把单式改为旋转运动,完善的蒸汽机发明成功了。

蒸汽机是将蒸汽的能量转换为机械功的往复式动力机械。它最早出现于17世纪末,当时主要用于矿井提水。后来,瓦特在此基础上进行了改装和创造,发明了新式蒸气机,使世界进入了所谓的"蒸汽机时代"。蒸汽机的出现,引起了18世纪的工业革命。直到20世纪初,它仍然是世界上最重要的原动机,后来才逐渐让位于内燃机和汽轮机等。

法拉第的电动机效益

发电机是将其它形式的能源转换成电能的机械设备,它由水轮机、汽轮机、柴油机或其它动力机械驱动,将水流、气流、燃料燃烧或原子核裂变产生的能量转化为机械能传给发电机,再由发电机转换为电能。

法拉第是英国科学家,他发明了世界上第一架发电机,在电学领域做出了杰出贡献,倍受人们尊崇。然而,这位科学家的成长之路充满艰辛,他自学成才的故事更是激励过无数年轻人。

法拉第出生在一个贫穷的铁匠家里,兄妹九人,生活非常困难。所以,他无法接受完整的教育,只是断断续续上过几年小学。14岁时,父亲想让他跟着自己学习做铁匠,将来也好成为手工艺者,有个谋生的路子。但是法拉第渴望读书,不愿意跟随父亲学铁匠,为此他拒绝父亲的要求。父亲很生气,斥责他说:"你的哥哥们都是从14岁开始学做铁匠的,你也要学,你的弟弟长大了也要学,这是我们家男人的传统。"

法拉第反驳说:"我想读书,不想当铁匠。"父亲说:"读书要花钱,还没有用处,为什么要读书?"法拉第理直气壮地说:"读书有用,读书可以增长知识。"然而,父亲为生活所逼,依然不肯同意他去读书。

这天,法拉第的哥哥回家,高兴地对法拉第说:"有家书店正在招学徒,你不是想读书吗?可以一边工作一边读书。"法拉第一听,立即跟随哥哥到了书店。

果然，书店正在招学徒，学习书本装订技术。法拉第想也没想就报了名。

通过测试，法拉第如愿以偿进了书店当学徒。从此，他日夜泡在书店里，只要有机会就抱起书本来读。他尤其喜欢读物理学和化学方面的书。此外，还经常去听各种科普题目的报告和演讲。

7年后，年轻的法拉第已经通过自学，掌握了很多物理和化学知识，又在皇家学院的化学家戴维身边得到了一份工作。此后，他一面继续工作，一面学习，科学视野也渐渐地开阔起来。

法拉第在协助戴维工作的同时，开始独立从事一些试验，并逐渐取得一定成果。他发现了苯，还发现了电磁感应现象，并开始研究电流的化学作用。1833年，法拉第发现了电流化学的两个定律，后来这两个定律就以他的名字来命名。1845年，他又研究发现了抗磁性。

虽然声名鹊起，法拉第对知识的追求依然非常执著，常常为了一项科学研究，进行百折不挠的试验，这在有些急功近利的人看来毫无用处，因此往往不能被理解。

有一次，他的一个熟人、税务官格拉道斯通，看到法拉第在做一个在他看来毫无实用价值的实验，便问道："花这么大的力气，即使成功了，又有什么用呢？"法拉第回答说："如果成功了，不久你就可以收税了。"他对自己的研究充满信心。

尽管取得了辉煌成就，法拉第却不为名利所动，保持着谦谨之心，先后拒绝了各种诱人的建议。他拒绝高达12倍的工资诱惑，拒绝英国贵族院要授予他以贵族封号，拒绝皇家学院聘请他为学会主席。他对妻子说："上帝把骄矜赐给谁，那就是上帝要谁死。我的父亲兄弟都是手艺人，为了学会读书，我小时候到书店当学徒。我的名字叫迈克尔·法拉第，将来，刻在我墓碑上的也惟有这一名字而已！"

法拉第发现的电磁感应现象,奠定了日后电工业发展的基础,他发明的发电机,更是直接推动了电工业的进程。

在现代社会中,电能是最主要的能源之一,如何得到更多电能,是科学家们苦苦追求的任务之一。而发电机,能够将其他形式的能源转换成电能,实现人们的理想,所以非常实用和重要。目前,发电机在工农业生产、国防、科技及日常生活中有广泛的用途。

发电机的形式多种多样,工作原理都基于电磁感应定律和电磁力定律。因此,它的构造原则一般是:用适当的导磁和导电材料构成磁路和电路,互相进行电磁感应,产生电磁功率,达到能量转换的目的。

发电机大多由水轮机、汽轮机、柴油机或其它动力机械驱动,可以转换的能源也很多,水流、气流、燃料燃烧或原子核裂变产生的能量均可转化为电能。

迈克尔·法拉第(1791—1867),19世纪最伟大的实验科学家之一,英国物理学家、化学家,也是著名的自学成才的科学家,发电机创始人。

飞翔的莱特兄弟

飞机指的是具有机翼和一具或多具发动机,靠自身动力在大气中飞行的重于空气的航空器。大多数飞机由五个主要部分组成:机翼、机身、尾翼、起落装置和动力装置。

1877年圣诞节,小莱特兄弟收到了父亲的礼物——一个飞螺旋。兄弟俩很开心,拿着飞螺旋不停地玩,看它飞上飞下,真是太神奇了。从此,在他们年少的心里埋下一颗种子——除了鸟之外,还有东西可以飞起来。

长大后,兄弟俩经营一家自行车修理店,他们一边工作一边研究飞行的资料,掌握了大量航空方面的知识。1900年,他们通过观察老鹰在空中飞行的动作,设计制成了第一架滑翔机。兄弟俩很高兴,把它带到偏远的地带去试飞。他们用了一个星期的时间,把滑翔机装好,把它系上绳索,像风筝那样放飞,结果成功了,不过飞行高度只有1米多。

随后,兄弟俩经过多次改进,又制成了一架滑翔机,再次试飞时,竟然飞到180米的高度。这两次虽然成功了,但都是在风力作用下飞起来的。能不能制造一种不用风力也能飞行的机器呢?他们陷入了更艰难的探索之中。有一天,车行门前停了一辆汽车,司机向他们借工具来修理一下汽车的发动机。弟兄俩看到汽车,灵机一动,能不能用汽车的发动机来推动飞行?

于是,他们开始钻研发动机,为了减轻发动机的重量,他们专门请一位工程师造出一部12马力、重量只有70公斤的汽油发动机。经过无数次的试验,他们终于把发动机安装在滑翔机上。

1903年9月,他们乘坐着这架新"飞机"试飞,可惜失败了。失败没有击倒这对兄弟,他们反而投入更多精力来研究和试制飞机。在总结经验和不断探索的基础上,1903年12月14日,他们带着改进的飞机再次试飞,飞机飞行了4分钟。17日,他们再次试飞,这次飞行了59秒,距离达到255公尺。人类历史上的第一次飞行终于获得成功。

1908年9月10日,莱特兄弟驾驶飞机进行了飞行表演,他们在76公尺的高度飞行了1小时14分,并且搭载了一名勇敢的乘客。当他们着陆之后,人们从四面八方围了起来,庆祝飞行的成功。不久,莱特兄弟在政府的支持下,创办了一家飞行公司,同时开办了飞行学校,从这以后,飞机成了人们又一项先进的运输工具。

飞机指的是具有机翼和一具或多具发动机,靠自身动力在大气中飞行的重于空气的航空器。

大多数飞机由五个主要部分组成:机翼、机身、尾翼、起落装置和动力装置。其中动力装置主要用来产生拉力或推力,使飞机前进;还可以为飞机上的用电设备提供电力,为空调等用气设备提供气源,是飞机的"心脏"。起落装置又称起落架,是用来支撑飞机并使它能在地面和其它水平面起落和停放。机翼、机身和尾翼则相当于人体的躯干和四肢,是构成飞机的主体部分。

除了上述五个主要部分之外,飞机上还装有各种仪表、通讯设备、导航设备、安全设备和其它设备等。

计算机之父

电子计算机，简称计算机，俗称电脑，是一种电子化的计算工具。电子计算机是根据预先设定好的程序来进行信息处理的一种设备。

1946年发明的电子计算机，大大促进了科学技术的进步，也大大促进了社会生活的进步。鉴于诺依曼在发明电子计算机中所起到的关键性作用，他被誉为"计算机之父"。

诺依曼天生聪慧，智力超群，3岁就能背诵父亲账本上的所有数字，8岁学会了微积分，11岁时就成为当地有名的神童，因此父亲竟然无法为他请到家庭教师，没有人认为自己还有什么可以教这个孩子的。后来，他的数学老师为他推荐了一位数学教授，从此，诺依曼开始了他专攻数学的生活。18岁那年，他就拿到了布达佩斯大学数学博士学位，之后又开始钻研物理学，最终横跨"数、理、化"，成为了少见的全才。

30岁时，他与爱因斯坦一起，被聘为普林斯顿高等研究院第一批终身教授，是六名大师中最年轻的一名。

在这所著名研究院，诺依曼在数学、物理各方面都做出了重要贡献。当美国发明了世界上第一台电子计算机之后，美国的大学、研究机构与军方相继研究制造了十几台电子计算机。这件事情引起诺依曼极大关注，他认为速度超过人工计算千万倍的电子计算机的出现，有可能会把一些传统上无法处理或相当难处理的繁杂运算,变得可计算,变得轻松简便。于是,他投入到计算机的研制工作中。1945年,他写成了一篇长达101页的科学报告,这就是计算机史上著名的"101页报告",刻画出了现代计算机的体系结构,是现代计算机科学发展的里程碑。

然而,诺依曼的研究引起了很多同事的不理解。有一次,大数学家外尔在课堂上大声对学生说:"过去的诺依曼数学做得多么好,可如今不务正业!"吓得学生赶紧把教室的门关上,因为诺依曼的办公室就在教室的对面。

虽然有这么多人不理解自己,但诺依曼是个温和的人,他并不会直接反驳他人的观点,而只是默默地继续自己的努力。经过艰苦工作,诺依曼带领他的同伴们研制成功了第一台现代计算机,速度和性能比以往的计算机大大提高。但是,他明白普林斯顿高等研究院作为理论研究圣地,绝非计算机科学和计算数学生长的好土壤。他决定离开普林斯顿,前往首都华盛顿就职。为了安置自己的计算机,他选中了附近的普林斯顿大学。普林斯顿大学很乐意接受诺依曼的"礼物",并承诺保持机器正常运转。然而,事情并没有想象得那么简单,普林斯顿大学很快就发现,要想维持计算机的运转,维护费用一年竟高达十万美元!

诺依曼去世后,普林斯顿大学立即关闭了计算机,并把它看作"食之无味,弃之可惜"的一堆废铁。IBM公司听说后,趁机索要,果然如愿以偿。因为拥有当年诺依曼的计算机,IBM很快在制造电子计算机的厂商中间鹤立鸡群,风头更劲。此时,普林斯顿大学后悔莫及,当年IBM没有拆走的、钉在墙上的6英寸的计算机的开关控制器,成为了仅存的珍贵文物。

科学发明

电子计算机,简称计算机,俗称电脑,是一种电子化的计算工具。就目前而言,电子计算机是根据预先设定好的程序来进行信息处理的一种设备。电子计算机分为巨型计算机(又称"超级计算机")、大型计算机、中型计算机、小型计算机和微型计算机。

1945年,美国奥伯丁武器试验场为了满足计算弹道的需要,生产了第一台全自动电子数字计算机"埃尼阿克",它采用电子管作为计算机的基本组件,每秒可进行5 000次加减运算。它使用了18 000只电子管,10 000只电容,7 000只电阻,体积3 000立方英尺,占地170平方公尺,重量30吨,耗电140~150千瓦,是一个名副其实的"庞然大物"。

此后,经过诺依曼等科学家的努力,才研制成功了现代计算机。随后,计算机技术迅猛发展,计算机产业应运而生。

维萨里(1514—1564),荷兰著名的医生和解剖学家,近代人体解剖学的创始人,与哥白尼齐名,是科学革命的两大代表人物之一。《人体机构》一书是解剖学建立的重要标志。

比尔·盖茨加速了因特网发展

因特网（Internet）是一组全球信息资源的总汇。Internet 以相互交流信息资源为目的，基于一些共同的协议，并透过许多路由器和公共互联网而成，它是一个信息资源和资源共享的集合。

  比尔·盖茨 13 岁时，他所在的西雅图湖滨中学首先开设了计算机课程。不过，当时并没有 PC 机，只有一台终端机。尽管如此，这台机器还是给年少的比尔·盖茨带来了无限喜悦。他像发现了新大陆一样，只要有时间就钻进机房去操作那台终端机，常常忘记了吃饭和休息。不久，他竟然独立编出了第一个计算机程序，可以在计算机上玩月球软着陆游戏。这年美国人实现了登上月球的梦想，受此影响，小盖茨不由地想：我不能坐宇宙飞船去月球，那么让我用计算机来实现我的登月梦吧！

  游戏吸引了很多同学，大家都夸奖比尔·盖茨的才能。可是好景不长，只过了半年，由于学校支付不起昂贵的终端机使用租金，只好停止使用了。这件事给比尔·盖茨带来很大影响，他常常想：要是计算机能够便宜一些，大家就可以都能使用了。为了能够继续操作计算机，他和同学几经打听，终于找到了一个机会，这个工作就是帮助一家名为 CCC 的计算机公司抓"臭虫"，用除虫的报酬来支付他们操作计算机的费用。谁能想到，这个看似简单的工作竟然影响了比尔·盖茨的一生，影响了计算机软件事业的进程，进而间接地给整个世界和人类带来了影响。

何谓"臭虫"呢？最初的计算机非常巨大，大到可以占据一整个房间，而计算机内部在运转时会产生大量的热量，因此吸引了不少的小虫进去筑窝产卵。这些虫子在计算机内部活动，常常会使计算机发生故障，因此，人们需要定时地清理这些小虫，以保证计算机的正常运转。此后，这一说法沿袭下来，人们把计算机软件中出现的错误也叫做"臭虫"（bug）了。

盖茨很高兴自己又能操作计算机了，每天放学后，他就约着爱好计算机的同学赶往公司，趁员工下班的功夫除"虫"。这家公司有不少终端机，还有各种软件，在那里，盖茨如鱼得水，尽情研究软件、操作机器，常常一呆就是一个晚上。他记下发现的一个个"臭虫"，并且思索着软件的改进工作。这段时间的课外工作，无疑使盖茨掌握了计算机硬件和软件方面的很多知识和技能，为他日后研究开发软件打下了坚实的基础。

两年后，15岁的比尔·盖茨因计算机才能而闻名当地，有家公司上门聘请他为公司设计软件，报酬是他可以在一年之内免费使用公司的计算机。对此，盖茨格外激动，欣然前往。一年的学习和研究，使他的计算机才能更进一步，从此，他与计算机软件结下不解之缘，透过不断努力和实践，成为软件方面的专家。

后来，盖茨考上大学，但他很快感觉到软件业即将成为这个世界的潮流，他不能把宝贵的时间浪费在大学中，而错过最好的时机。因此，他毅然退学，在开发计算机软件方面办起了公司，克服一个个困难，使他的微软公司开发出领导世界新潮流的许多新型号计算机的硬、软件，产品迅速风行全球，推动了计算机产业的迅速发展。

20世纪60年代末，正处于冷战时期。当时美国军方为了让自己的计算机网络在受到袭击时，即使部分网络被摧毁，其余部分仍能保持通信联系，便由美国国防部的高级研究计划建设了一个军用网,叫做"阿帕网"(ARPAnet)。阿帕网于1969年正式启用,当时仅连接了4台计算机,供科学家们进行计算机联网实验用。这就是因特网的前身。

随后,美国国防部又设立了新的研究项目,打算用一种新的方法将不同的计算机局域网互联,形成"互联网"。研究人员称之为"internetwork",简称"Internet",汉译为因特网。这个名词一直沿用到现在。

目前,Internet已成为规模最大的国际性计算机网络。今天,Internet已连接60 000多个网络,正式连接86个国家,电子信箱能通达150多个国家,有480多万台主机透过它连接在一起,用户有2 500多万,每天的信息流量达到万亿比特(terrabyte)以上,每月的电子信件突破10亿封。

伽利尔摩·马可尼(1874—1937),意大利电气工程师和发明家。无线电发明人,1909年他与布劳恩一起得诺贝尔物理学奖。

偷窃激发的人造金刚石

天然金刚石的形成和发现极为不易,它是碳在地球深部高温高压的特殊条件下历经亿万年的"苦修"转化而成的,由于地壳的运动,它们从地球的深处来到地表,蕴藏在金伯利岩中,从而被人类发现和开采。

莫瓦桑是法国一位颇负盛名的化学家,他曾经先后制取了单质氟,发明了高温电炉,成就显著。然而,在科学的道路上,他仍旧一如既往地孜孜进取,不肯沉溺于以往的荣耀,经过艰苦努力,他发明了人造金刚石。

有一天,莫瓦桑像往常一样走进实验室,进行一项化学实验。在准备试验前的各项工作时,助手突然叫起来:"不好了,镶有金刚石的工具不见了。"他一喊,大家都跟着紧张起来。他说的工具是试验中需要的特殊器具,因为镶有金刚石,非常昂贵,因此大家从来都是倍加爱护,不敢大意。

莫瓦桑立即和大家一起寻找,试图找出那个金刚石工具。就在这时,助手又惊叫起来:"啊?你们看,门好像被撬过了!难道有小偷光顾?"

莫瓦桑顺着助手手指的方向望去,仔细一看,可不,门锁很明显被人撬开过。看来,是小偷看上那昂贵的金刚石,盗走了。

这次意外延误了试验,却也使莫瓦桑萌生了一个念头:天然金刚石稀少而昂贵,如果能人工制造金刚石,该有多好!

这个想法无疑于天方夜谭,莫瓦桑心里很清楚,"点石成金"不过是美好的神话。要想制造出坚不可摧的金刚石,谈何容易!

但是,莫瓦桑没有退缩,而是勇敢地面对新问题,开始了艰苦的求索和试验过程。他首先翻阅了许多数据,从中了解到,金刚石的主要成分是碳,其它的相关数据就很少了,而只有化学家德布雷曾提出金刚石是在高温高压下形成的。

接着,莫瓦桑开始寻找制造金刚石的原材料。选什么材料才合适呢?还从未有人作过这方面的尝试,看来,一切要靠自己摸索了。

有一次,莫瓦桑参加了有机化学家和矿物学家查理·弗里德尔在法国科学院作的一个关于陨石研究的报告。报告中,他听查理·弗里德尔说:"陨石实际上是大铁块,它里面含有极少数的金刚石晶体。"听到这话,莫瓦桑猛地想到石墨矿也像陨石一样,常混有极微量的金刚石晶体,那么,在陨石和石墨矿的形成过程中,是否可以产生金刚石晶体呢?

有了这个想法,莫瓦桑开始在头脑中勾勒制取人造金刚石的设想:金刚石的主要成分是碳。陨石里含有少量金刚石,而陨石的主要成分是铁。那么可以把程序倒过去进行试验,把铁熔化,加进碳,使碳处在高温高压状态下,看能不能生成金刚石。

想到做到,莫瓦桑带着助手开始了历史上第一次人工制取金刚石的实验。他们经过无数次试验后,终于成功了。从此,人造金刚石诞生了,并日益在社会生活中发挥它那坚不可摧的威力。

在自然界,天然金刚石是碳在地球

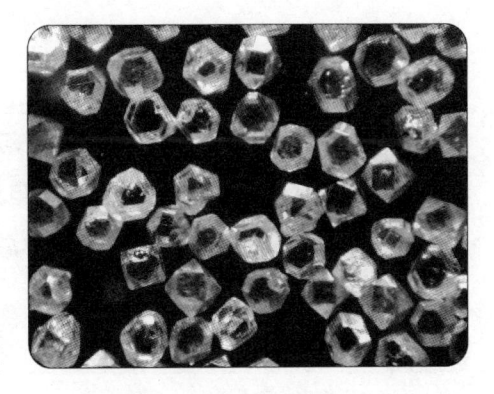

深部高温高压的特殊条件下历经亿万年转化而成的,由于地壳的运动,它们有可能会从地球的深处被送上地表,从而被人类发现和开采。

可是,天然金刚石太稀少了,价值昂贵,无法满足人们的需要,所以,从18世纪末以来,人们不断对它进行研究,发现金刚石竟然是碳的一种同素异形体,从此,制取人造金刚石就成为了许多科学家的光荣与梦想。

19世纪,莫瓦桑发明了第一颗人造金刚石后,更多的科学家开始在此领域内探索研究。1955年,美国通用电气公司专门制造了高温高压静电设备,得到世界上第一批工业用人造金刚石小晶体,从而开创了工业规模生产人造金刚石磨料的先河;不久,杜邦公司发明了爆炸法,利用瞬时爆炸产生的高压和急剧升温,也获得了几毫米大小的人造金刚石。

安培(1775—1836),法国物理学家,对数学和化学也有贡献。发现了安培定律、电流的相互作用规律,发明了电流计、提出分子电流假说,总结了电流之间的作用规律——安培定律。

韦奇伍德的复写人生

复写纸又名印蓝纸、蓝靛纸和碳素纸，用韧薄的原纸以蜡料和色料混合制成的涂料加工而成，可供书写和打印一式多份的文件、报表填写单据、开发票等。

19世纪以前，复写纸还没有发明，那时，人们不管书写什么，都只能一个字一个字地写，既麻烦又费力，十分不便。这个情况同样出现在一个英国人身上，他叫韦奇伍德，是伦敦一家文具商店的老板。他经营的商店有不少固定客户，为了及时向这些客户介绍新产品，韦奇伍德不得不经常向他们写信，介绍店里新进的各种文具。这些信的内容几乎一样，但却要他一封一封地书写，非常烦人。

这天，韦奇伍德又在给客户写信，他已经写了十封内容相同的信了，可是屈指一算，还有接近二十个客户的信没有写。要写完所有的信，估计得等到明天。他一边想着，一边揉揉酸疼的手腕，叹口气说："唉，信一模一样，要是能同时写完该多好。"

韦奇伍德放下铅笔，翻翻书写的纸张，突然看着下面纸上留下的字痕，脑子里灵光一闪，他想：这些字痕很清晰，如果它们也能像上面写的字一样，显示出颜色来，不就等于一次写了两封信吗？

想到这里，他大为激动，立即着手想办法实现这个目标。经过一段时间的琢磨,他想出了一个办法。他将一张薄纸放在蓝墨水中浸润,然后夹在两张吸墨纸中间使之干燥,这样,这张纸上就带有了墨水的颜色。书写时,将其衬在一般纸之下,就轻松地获得了复制件。试验成功后,韦奇伍德非常高兴,他还在1806年申请获得了"复制信函文件装置"的专利权。

当时,英国的商业活动已很发达,对于这项新发明十分欢迎,复写纸立刻在商业领域表现出极大的用途。韦奇伍德见此,干脆办了一家工厂,专门生产这种特殊纸张。

不久,复写纸传到世界各地。法国人改用甘油和松烟渗透进纸里的方法制造复写纸,到了1815年,德国人又进行了革新,选择韧性极大的薄纸,用热甘油和煤焦油中提炼的染料,细磨调研,制成涂料,涂在薄纸上,制成新的更好用的复写纸。随后,人们又在这种涂料中加入蜡料,降低其粘度,使得复写纸更加方便耐用。到了1954年,美国一家公司研制出了无碳复写纸,成为当今复写纸的首选。

复写纸的发明与其应用密切联系在一起,体现了发明在人类生活中不可缺少的作用。确实,复写纸自从发明以来,广泛应用在商业、工业、教育等各个领域,可供书写和打印一式多份的文件、报表填写单据、开发票等。

传统复写纸,又名印蓝纸、蓝靛纸或碳素纸,它的主要原料是原纸和涂料。原纸又称纸坯,是用亚硫酸木浆和部分麻浆,或用龙须草浆制成的机制纸,无砂眼、质地均匀,并具有一定的拉力和适当的吸油性能。涂料由油料、蜡料、色料三种配制而成,各种成分具有不同的作用,油料可帮助蜡料与色素混合、显色、保存等等,蜡料能保持硬度、增加耐写性、保持光滑等。

太空计划中铅笔的由来

铅笔就是一种以石墨或加颜料的粘土做成的笔芯为书写介质,用于学习、办公、工程制图、美术、绘画、各种标记等的书写或绘画工具。

当年,美国太空总署为了发展太空计划,曾经对外发出过一个消息,征求一种能让航天员使用的笔。在征求意见里,他们提出了很苛刻的条件,这种笔必须任何方向,不论是向上、向下都可以操作,而且,即使在无重力或在真空状态下皆可流利书写,还有,这种笔几乎永远不用换墨水,因为太空中缺乏引力,无法吸墨水。最后,他们说:"如果有人能发明这种笔,总署将不计任何代价去支持他。"

消息发出后,总署耐心等待着,他们知道,一定有许多科学家投入到紧张的试验和研究中,也许不久就有人前来揭晓谜底。

果然,三天后,总署就收到了来自德国的信函,他们有些奇怪,有人甚至还说:"不会吧,什么人这么厉害,短短三天就发明出太空笔来?"有些人说:"看一看就知道了,也许只是个想法。"还有些人沉默不语,他们认为来信可能与太空笔无关。带着各种猜测,总署的人打开了信函,只见上面写着短短的几个字:"试过铅笔没有?"

1564 年,在英格兰的巴洛代尔,一场猛烈的暴风雨后,人们惊讶地发现,在一棵倒下的大树根部,有着一片似煤非煤的东西,从此,人们发现了石墨。

石墨是黑色的,能像铅一样在纸上留下痕迹,而且比铅的痕迹要黑许多,所以,当时人们称石墨为"黑铅"。当地的牧羊人常用石墨在羊身上画记号,受此启发,人们把石墨块切成小条,用来写字绘画,聪明的商人们也开始叫卖这些"印石"。后来英王乔治二世得知了这一用品,特地找来了石墨试用,觉得非常的趁手,就把石墨矿收为皇室所有,把石墨定为皇家的专利品。

但是,石墨条写字也有不足,容易弄脏手,而且很易折断。于是不少科学家努力钻研,试图解决这个难题。到了1761年,才由德国化学家法伯攻克了这个难关,他不再使用单纯的石墨条,而是将石墨冲洗成石墨粉,然后与硫磺、锑、松香混合,再将混合物制成条状,这就是最早的铅笔。它的韧性增大,也不大容易弄脏手。

这种铅笔发明后,世界上只有英、德两国能够生产。到了1790年,拿破仑发动战争时,从英、德两国得到了这种小东西。可是,自己的国家还不能生产这小东西的事实让拿破仑非常恼火,他下令法国的化学家孔德在自己的国土上找到石墨矿,并制造铅笔。

孔德受命后,几经努力,终于在法国找到了石墨矿。可是矿质太差,储量又少,要想生产出与英、德同样质量的铅笔,恐怕有些难度。于是孔德经过多次试验,在石墨中掺入粘土,放入窑里烧烤,制成了一种既好看又耐用的铅笔芯。这让他大为高兴,进行了更深入的试验,结果发现,在石墨中掺入的粘土比例不同,生产出的铅笔芯的硬度也就不同,颜色深浅也不同。所以,他发明创制了几种不同的笔芯,并用字母标注,标有H的,表示硬性铅笔;标有B的,表示软性铅笔;标有HB的,表示软硬适中的铅笔。这种方法一直沿用至今。

后来,美国的工匠威廉姆·门罗给铅笔套上了木杆外套。他先造出了一种能切出木条的机械,然后在木条上刻上细槽,将铅笔芯放入槽内,再将两条木条对好、粘合，笔芯就被紧紧地嵌在中间。这就是我们今天使用的铅笔了。

因为物美价廉、便于携带，铅笔很快就为大家所接受，直到今天，人们还离不开它。光在美国，每年就要生产15亿支呢。

铅笔发明后，因其好看耐用、书写方便，从而广受欢迎，用途很广，成为用于学习、办公、工程制图、美术、绘画、各种标记等的最常见、最普及的书写或绘画工具。

铅笔的种类很多，按性质和用途可分为石墨铅笔、颜色铅笔、特种铅笔3类。石墨铅笔是铅笔芯以石墨为主要原料的铅笔。可供绘图和一般书写使用。颜色铅笔是指铅芯有色彩的铅笔。铅芯由粘土、颜料、滑石粉、胶粘剂、油脂和蜡等组成。用于标记符号、绘画、绘制图表与地图等。特种铅笔包括玻璃铅笔、变色铅笔、炭画铅笔、晒图铅笔、水彩铅笔、粉彩铅笔等，各有其特殊用途。比如玻璃铅笔用于在玻璃、金属、搪瓷、陶瓷、皮革、塑料等表面书写或作标记。变色铅笔适用于缮写长期保存的重要文件，记载账目。晒图铅笔可起遮光作用，用于绘图后直接晒图。

里斯(1880—1956)，匈牙利数学家。泛函分析创始人之一，1907年他和菲舍尔相互独立地得到的著名的里斯-菲舍尔定理，是早期量子论数学理论基础方面的一个重大贡献。

卡尔逊的静电复印技术

静电复印技术利用光电导敏感材料在曝光时按影像发生电荷转移而存留静电潜影，经一定的干法显影、影像转印和定影而得到复制件。

在科学史上，许多创造发明并非出自科学家之手，而是普通人在不断思考和努力下的劳动成果。下面讲述的静电复印技术的发明故事，就是这样一个例子。

卡尔逊出生在1906年，他是美国西雅图人。十几岁时，父母双双患有重病，不能照顾家庭，少年卡尔逊挑起家庭的重担，每天早起晚睡，奔波于许多份工作之间。他在商店擦橱窗、到报社打扫卫生、在印刷所当学徒——总之，只要能够挣到钱的工作，他都会不辞劳苦地去干，以抚养双亲，养家糊口。就这样，通过艰辛的劳动，卡尔逊不但养活了家人，还进入加利福尼亚理工学院念书，并取得物理学士学位。

毕业后，卡尔逊几经周折，好不容易找了份办公室的工作，每天打字、抄发文件、送图表去照相、冲洗等等，工作琐碎而繁重，十分累人。卡尔逊从小干过不少苦活累活，深知劳动的辛苦和艰难，面对手底下的工作，联系到自己学过的物理知识，他经常想：办公室工作太复杂了，要是能够发明一种技术，可以减轻办公室工作人员的负担，那该多好。

有一天，卡尔逊拿着图表外出冲洗，冲洗图片太复杂了，一直等了3个小时才冲洗完毕。可是等他回到办公室时,公司经理又给他一张图表,并命令他尽快冲洗完。卡尔逊只好再次去等候冲洗。结果,那天他来来回回好几趟,经理安排的打字和抄发文件工作都来不及完成,只好加班工作。

夜深了,卡尔逊想起一天奔波忙碌,成效甚微,感叹道:"要是有种简易照相方法,不是可以节省很多时间吗?"

有了这个想法,卡尔逊在工作之余,就开始了钻研和探索。为了证实自己的理论,卡尔逊租了一间小屋做实验室,并以自己微薄的薪水购置了试验器材和药品,开始了艰辛的试验工作。

通过多次努力,他找到了适合试验的材料和方法。他在一块金属板上涂上硫膜,用手帕在上面进行擦拭,靠磨擦使硫膜带上电荷,然后将一块上面写着字的玻璃板放到硫膜上,打开白炽灯照射,3秒钟后,他拿开玻璃板,在硫膜上撒上石松子粉。这时,奇迹出现了,硫膜上显示出与玻璃板上同样的字!试验还没有结束,他又将蜡纸盖在硫膜上,加热使蜡纸上的蜡熔化,等到冷却后,蜡纸上留下了与玻璃板上同样的字,这个图像会长久保留。试验成功了,卡尔逊特别高兴,他为这种以前从未有过的照相方法,取名"电摄影"。他从理论上证明了静电照相的可能性,并于1937年正式申请了"静电摄影法"的专利权。

然而,当卡尔逊带着自己的试验成果,与各家公司谈判合作发展这项技术时,却遭到了很多阻力。这些公司认为卡尔逊设计的简易复印机太简单了,简直就是玩具,因此毫不感兴趣。

卡尔逊为了推广自己的发明,不辞劳苦地奔波在各家公司之间,他还亲自到俄亥俄州哥伦布市的 Battle 纪念学院表演了他的发明,Battle 纪念学院勉强同意与他合作发展该项技术。为了做试验和研究,卡尔逊失去了工作,这时的他一贫如洗，但是为了维持研究，他不惜向亲友借贷，依然不肯放弃自己的梦想和追求。

1947年，终于有家小公司愿意同他携手合作。1949年，他们研制出了世界上第一台硒板静电复印机产品，并于1950年开始在市场上出售，从此，静电复印技术从实验室走上了实用的阶段。

在复制影像时，利用光电导敏感材料将其曝光，这时，原稿上的影像会发生电荷转移，从而在材料上存留静电潜影，然后，透过一定的干法显影、影像转印和定影，会得到原稿的复制件，这个过程就是静电复印技术。

静电复印技术可分为直接法和间接法两种。前者是将原稿的图像直接复印在涂有氧化锌的感光纸上，因此又称涂层纸复印机；后者是将原稿图像先变为感光体上的静电潜像，然后再转印到普通纸上，故又称普通纸复印机。

目前，世界各国以干式间接法静电复印技术为主。这种复印技术的过程包括四个步骤，首先使复印材料均匀充电，用原稿进行反射曝光；然后做干法显影处理，得到静电潜像；最后用白纸覆盖在复印材料上，再次充电，转印影像；最后透过瞬时加热，使调色剂固定，达到定影效果。

门捷列夫(1834—1907)，俄罗斯化学家。他大约花了20年的功夫，终于在1869年发表了元素周期律，制定了化学元素周期表，这是门捷列夫对化学的主要贡献。

有关电话之父的诉讼

在高频电磁振荡的情况下,部分能量以辐射方式从空间传播出去所形成的电波与磁波的总称叫做"电磁波"。

人们所熟知的电话发明者名叫贝尔,是个英国人。他年轻时跟父亲从事聋哑人的教学工作,曾想制造一种让聋哑人用眼睛看到声音的机器。这一点启发了他对声音的敏感性。

1837年穆尔斯发明电报之后,很快便得到了广泛的传播。但是这种方式必须要将内容译成电码发出,之后再从电码翻译成文本,比较麻烦。因此,人们就开始钻研直接交换声音的方式,也就是今天所谓的电话。然而,很多的发明家做了无数的试验,都失败了。

大约在1860年,德国一位叫莱斯的发明家有了新的突破,他第一次成功地用电流传送了一段旋律。他后来为这个装置起了个名字,叫做"telephone",这个名字就成了后来电话的名字,一直沿用至今。

后来,贝尔成为了美国波士顿大学的教授,开始研究多任务电报。多任务电报指的是在同一线路上传送许多电报,受此影响,他萌发了利用电流把人的说话声传向远方的念头。于是,贝尔开始了电话的研究。

1875年6月2日,贝尔和他的助手华生分别在两个房间里试验多任务电报机,突然,他看到电报机上的弹簧颤动起来,还发出声音。他惊奇地向华生发出

询问:"怎么回事?出什么问题了吗?"华生在另一间屋子回答:"噢,电报机上有一个弹簧粘到磁铁上了,我拉开弹簧时,弹簧发生了振动。"这次偶然发生的事故启发了贝尔,他想,振动在电路上传送,其中肯定是电流的作用。既然电流能把振动从一个房间传到另一个房间,一定可以传到更远的地方去。贝尔越想思路越开阔,他继而产生了一系列构想:如果人对着一块铁片说话,声音将引起铁片振动;若在铁片后面放上一块电磁铁的话,铁片的振动势必在电磁铁线圈中产生时大时小的电流。这个波动电流会沿电线传送,要是在电线另一端安装类似装置,岂不是就会发生同样的振动,发出同样的声音吗?这样,声音就沿电线传到远方去了。想到这里,贝尔大为激动,立即和华生按照设想试制电话机。他们两人分别在两个房间里,希望声音可以透过电线传送。多次试验之后,线路装置基本就绪。这天,贝尔正在试验,不小心一滴硫酸溅到腿上,疼得他直叫喊:"华生先生,我需要你,请到我这里来!"喊声顺着电线传到另一间屋子,华生听到后,飞快地跑到贝尔的房间。两人很快惊喜地发现,原来他们的电话已经试验成功了。他们来不及处理受伤的腿,而是紧紧抱在一起,庆祝试验成功,电话从此问世了。

贝尔发明电话基本上成为了人所共知的事情。可是到了今天,却有不少人对此有所质疑。而贝尔和电话,还牵扯到不少的诉讼案呢。

2002年6月16日,美国国会承认了1860年安东尼奥·梅乌奇在纽约展示"电话"这一历史,并把贝尔赶下了电话发明者的位子。梅乌奇是意大利裔美国人,他在研究用电击法治病时发现声音能以电脉冲的形式穿过铜丝,大感兴趣,从此开始了对此的研究。1860年,他就公开了自己发明的一套通话装置。可惜,梅乌奇太贫穷了,他没办法支付专利费,所以一直没能为自己的发明申请专利,他的发明后来也被无可奈何地卖到了旧货店。据说,他曾经和贝尔同用一间实验室,因此他认为是贝尔窃取了他的研究成果,还曾为此提起诉讼。而在贝尔同时代还有一个发明电话的人。他叫伊立夏·格雷,也同时发明了电话。不过他发明的电话与贝尔所发明的原理不同,他是在薄铁膜片的背后装一个电极,使电极伸到一种电解液里,人对着膜片说话时,震动膜片而带动电极在电解液中颤动,电极浸在电解液中的深度发生变化,从而产生与声音振动相应的变化电流。但是这种发话器使用非常不方便。

更有趣的是,在贝尔提出专利申请的同一天,格雷也向纽约专利局提出专利申请,并将专利发明权转卖给美国最大的威斯汀电信公司。于是,一场持续了十多年的诉讼案开始了。后来经调查发现,贝尔申请专利的时间比格雷早大约两小时,于是法院才将电话的发明专利裁决给了贝尔。从此,大家都公认贝尔是电话的发明者了。

简单地说,电话的原理是利用了电磁波的辐射性。电磁波是电波和磁波的总称,电与磁可说是一体两面,变动的电会产生磁,变动的磁则会产生电。电磁波以不同的频率变动,向空中形成辐射,传递能量。电话机里面安装了电磁铁,当我们电话机的发话器说话时,说话的声音使发话器里面薄薄的铁片振动,电磁铁把这个振动变成电磁波,电磁波再通过电话线传到电话公司的交换台,在那里电磁波被放大,然后又沿着电话线,传到对方电话机的受话器里。这样,电话就能够传递声音了。

受嘲笑的半导体冒险

半导体是电阻率介于金属和绝缘体之间并有负的电阻温度系数的物质。半导体室温时电阻率约在 10.5~107 欧·米之间,温度升高时电阻率指数则减小。

今天,我们可以很便捷地享受到一切。激光打印机、CD 播放器,还有超市里的条形码读卡器,这些都是熟悉得不能再熟悉的东西了,然而,或许你不知道的是,它们都是同一个人的成果。这个人,就是赫伯特·克勒默,克勒默最大的成果,是对半导体实用技术的研究。可以说,他的研究大大地改变了世界。

克勒默曾经为报纸题词,他想来想去,写下了"去冒险吧"几个字。也许正是因为在科学上孜孜不倦的探索精神,他才能有着如此辉煌的成就。

克勒默上中学时,正是二战期间。当时,学校受到轰炸,正常的教学受到影响。为此,他代替自己的物理老师为同学们上课,当时就显示出超群的才智。后来,克勒默取得物理博士学位,受聘到加利福尼亚大学工作。在这里,他通过不懈努力和勤奋工作,取得了一系列成就。

然而,1963 年当他提出了双异质结构激光的概念时,却受到了来自各方面的嘲笑。原来,这一概念远远超过了当时半导体领域的研究水平。

有人说他:"异想天开。"也有人认为他:"不务正业。"还有人劝说他:"不要太固执了,你应该侧重物理基础研究,而不要把自己搞成一个科技人员。"

在传统物理学家眼里，物理基础才是他们研究的问题，只有在基础问题上取得重大突破，才能确定自己的地位，而技术应用太实际。于是，克勒默成为了另类，他陷入尴尬之地。但克勒默并没有放弃，他对自己有信心，也有着探索的决心。他继续进行自己的科研，而不去理会他人的言论。他与他人合作，先后发明了快速晶体管、激光二极管和集成电路(芯片)。

20年后，当他的概念和相应技术被大量应用时，他回忆起当初的情景，说道："当时，我认识到这种物质的性质会有多大的影响，然而要把它转化为实用技术，在当时看来希望非常渺茫。我的反应是，让我们开发技术吧！可是人们却说：忘了它吧。"

后来，当他杰出的科研成就影响了整个世界时，很多同事都预测他会获得诺贝尔奖。但是克勒默一直说："不会的。"因为他明白，物理奖通常都颁发给那些对基础物理问题有所发现和贡献的人。而他在技术应用方面的成就很难获奖。

但是，2000年的一天，凌晨两点半，克勒默接到了来自斯德哥尔摩的电话，告诉他瑞典皇家科学会决定将当年的物理奖授予他。得此消息，克勒默十分平静地说："这是科技的进步。"

我们通常把导电性和导电导热性差或不好的材料称为绝缘体。而把导电、导热都比较好的金属称为导体。半导体就是介于这两者之间的物质。按化学成分分，半导体可分为元素半导体和化合物半导体两大类。元素半导体一般包括锗和硅等；化合物半导体包括Ⅲ-Ⅴ族化合物、Ⅱ-Ⅵ族化合物、氧化物以及由Ⅲ-Ⅴ族化合物和Ⅱ-Ⅵ族化合物组成的固溶体等。

与金属和绝缘体相比，半导体材料的发现是最晚的，直到20世纪30年代，当材料的提纯技术改进以后,半导体的存在才真正被学术界认可。半导体用途广泛,可用来制作电力电子器件、高效率太阳能光伏电池、射频器件和微电子机械系统等。总之,半导体在微波通讯、雷达、导航、测控、医学、军事、电讯、工业自动化等领域,有着不可限量的发展,极大地改变着我们的生活。

琴纳(1749—1823),英国医生,牛痘接种法的创始人,免疫学之父,天花疫苗接种的先驱。实现了对疾病的预防,从而成功地开辟了免疫学这个新领域。

贝耶尔的青出于蓝

将蓝草制成泥状的靛蓝,用酒糟发酵,发酵过程中产生的氢气、二氧化碳可将靛蓝还原成靛白。用靛白染成的白布,经空气氧化,又可显现出蓝色。

1835年,阿道夫·冯·贝耶尔出生在德国柏林,他从小受到良好的家庭教育,学习成绩十分优异。

贝耶尔的父亲约翰·佐柯白是个军人,但是,却非常热爱科学。可是身为总参谋部陆军中将,军旅生涯十分地繁忙,根本就抽不出时间来学习。佐柯白虽十分苦恼,却从未放弃自己的梦想。50岁后,他终于轻松下来,于是开始学习地质学。在这样的年龄才开始学习,大多数人都无法理解佐柯白的行为,他们对之冷嘲热讽,然而,佐柯白并未理会,依旧我行我素,坚持学习,终于成为了这方面的专家。于是,在他76岁时竟获邀出任柏林地质研究院院长。

父亲的行为,对贝耶尔产生了很大的影响。有一次,他与父亲偶尔谈起凯库勒教授。凯库勒教授那时已经是德国有机化学的权威了,年轻气盛的贝耶尔随口对父亲说:"凯库勒吗?只比我大6岁……"父亲立刻摆手打断了他的话,狠狠地瞪了他一眼,问道:"难道学问是与年龄成正比的吗?大6岁怎么样,难道就不值得学习吗?我学地质时,几乎没有几个老师比我大,老师的年龄比我小30岁的都有,难道就不要学了?"

此事对贝耶尔的震动很大,感受极深,后来他常对人讲:"父亲一向是我的榜样,他给我的教育很多,最深刻的就是这一次了。"

贝耶尔还在上大学时,就对有机化学方面特别感兴趣,并且做出了成就,1856年,他发表了科学论文《有机化合物凝结作用综合研究》,受到专家们的一致赞赏,同年他获得柏林大学博士学位,当时年仅23岁。4年之后,他又被皇家学会推选出任欧洲规模最大的柏林国家化验所主任。

普鲁士国王腓德烈·威廉四世听说了贝耶尔众多的研究成果,对他产生了浓厚的兴趣。他特地邀请贝耶尔到皇宫去做客。当国王见到这位科学家,发现贝耶尔竟然如此地年轻,不禁大吃一惊:"没想到,誉满全欧的大学者,原来是个年轻人。"

贝耶尔毕生专心从事于有机化学方面的科学研究,尤其在有机染料、芳香剂、合成靛蓝和含砷物的研究方面,取得了卓越的成就。他是第一个研究和分析了靛青、天蓝、绯红三种现代基本染素的性质与分子结构的,同时还建立了著名的贝耶尔碳环种族理论。

除此之外,贝耶尔还是一个谦虚而诚恳的人。当他发现自己已经没什么可以教自己的学生费雪的时候,立刻为他推荐了一个更适合发展的地方。也许正是因为他的无私,费雪才于1902年荣获了诺贝尔奖。更有趣的是,费雪的学生瓦尔堡获得了1931年的诺贝尔生理学或医学奖,瓦尔堡的学生克雷希斯又获得了1953年的诺贝尔生理学或医学奖。看来,这种无私的治学态度,也被一代一代地传了下去。

1905年,为了表彰贝耶尔在研究染料和有机化合物等方面的卓越贡献,瑞典皇家科学院授予70岁的贝耶尔诺贝尔化学奖。

在中国,靛蓝的这种发酵还原技术在春秋战国时期已开始使用,而且这古老的方法至今仍在沿用。大约公元前100年,印度也开始制作靛蓝,但他们采用尿发酵法染蓝。

后来,经过贝耶尔等科学家的努力,发明了合成制作靛蓝的方法,他们以苯胺基乙腈为主要原料,在一定温度下,以回收钾钠无水混合碱作溶剂,氨基钠作缩合剂,间隙加入一批苯胺基乙酸钾钠(钾)盐,在高温、高压环境中将苯胺基乙酸钾钠(钾)盐环合成吲哚酚钾(钠),再经氧化、压滤、干燥而制得靛蓝。

靛蓝主要用于棉纤维和织物的染色,国内外流行的"牛仔服"面料大都由靛蓝染经纱与白纱交织而成。也可染羊毛和丝绸,在地毯和手工艺品中也有应用。其色泽自然大方,具有独特的吸引力,在近几年的服饰染色中应用很广。

费歇尔(1852—1919),德国的费歇尔是有机化学领域最知名的学者之一,生物化学的创始人。他发现了苯肼,对糖类、嘌呤类有机化合物的研究取得了突出的成就,因而荣获1902年的诺贝尔化学奖。

科学发明

转基因技术带来的"黄金稻米"

将人工分离和修饰过的基因导入到生物体基因组中,由于导入基因的表达,引起生物体性状的可遗传的修饰,这一技术称之为转基因技术。

2001年,德国科学家英戈·波特利库斯和彼得·拜尔在菲律宾经过8年努力,研究发明了一种新稻种。这种稻种与以往稻米不同,是采用转基因技术发明的,它含有从水仙、真菌、豆子等中找到的四种可促进新陈代谢的酶,因此含有稻米天性中缺少的铁元素和胡萝卜素。因为此米粒色泽金黄,发明者为它取名"金米",一是指它的颜色金黄,二是比喻它的珍贵。

在世界上,大约有20亿人因缺铁而患贫血,还有数百万胎儿孕期死亡或出生后死亡。而维生素A的缺乏更是导致了一两百万的儿童死亡。而"金米"的出现,正好可以弥补天然稻米的不足,它含有人体必需的铁元素和胡萝卜素,营养价值极高,应该大力推广,用来解决人类的实际问题。两位科学家的研究正是出于这一目的,他们提出:将这一发明专利无偿交给受益者。

然而,这个提议遇到了很大阻力,而且阻力来自好几个方面。首先,有人反对转基因技术,认为采用转基因技术发明的"金米"不应该推广种植;其次,企图垄断生物技术以获取高额利润的企业也反对他们的提议,认为无偿赠送专利会损害他们的利益;第三,欧盟关于科研有些不合理的规定,也阻碍了新稻种的推广和种植。当初,两位科学家将关于"金米"的论文寄给著名的《自然》杂志时,该杂志的出版人竟然认为没有必要将论文交给专家审阅,就立即将其退回了。他们对转基因技术也抱着怀疑态度。

两位科学家的成果诞生后,却不能顺利地将其推广应用,造福人类。他们不肯就此罢休,与来自各方的阻力进行了艰苦的谈判。最后终于达成了一致协议,"金米"的商业使用专利归塞内卡公司,但该公司同时承担透过发明家促进这项专利用于"人道目的"的活动。在这里,商业和人道目的有条件界限,规定为:任何发展中国家的机构从出售"金米"稻种得到的年收入不得超过1万美元。

在这一协议达成后,世界六大跨国企业像拜尔等都放弃了追求利润的目的,庄严承诺接受这一条件。后来,还组建了"金米人道使用理事会",负责具体实施这个目标。

2001年,"金米"冲破重重阻力终于面世。世界银行和某些机构合作,开始在印度进行实验。东南亚、非洲、拉美的一些国家纷纷同发明者签定协议,推广种植。

"金米"这一新品种的成功推广,既是人类历史上第一次将整个新陈代谢链透过基因技术移植进一种植物中去的成功试验,也是科学史上第一次把发明而带来的专利无偿地交给受益者的行为。

转基因技术,也叫"遗传工程"、"基因工程"、"遗传转化"。它是近些年来刚刚出现的一个科学概念,指的是将人工分离和修饰过的基因导入到生物体基因组中,在导入基因的作用下,生物体的性状发生了可遗传的修饰或者改变,这一技术就叫做转基因技术。

常用的植物转基因技术有两种方法,第一种是通过组织培养再生植株;第二种是花粉管通道法。常用的动物转基因技术也有两类方法,分别是显微注射法和体细胞核移植法。

沙普利(1885—1972),美国著名的天文学家。是20世纪科学史上最杰出的人物之一。指出太阳系不在银河系中心,而是处于银河系边缘,银河系的中心在人马座方向。他的研究为人们认识银河系奠定了基础。

好心有好报的青霉素

抗生素是由微生物（包括细菌、真菌、放线菌属）产生的、能抑制或杀灭其它微生物的物质。

在医学史上，青霉素的发现意义重大，它挽救了许多病人的生命，使人类的寿命延长了15至20年。发现它的人叫弗莱明。

弗莱明出生于一个贫苦的农民家庭。有一天，他的父亲在地里干活的时候，救了一个不小心掉入沼泽的小男孩。第二天，小男孩的父亲亲自前来感谢老弗莱明，决定报答他，可自尊的老弗莱明不愿意接受任何的报酬，他觉得自己只是做了一件应该做的事而已，他骄傲地拒绝了来人。

这时，小弗莱明走了进来，这位绅士看到了这个和自己孩子年纪相仿的男孩，问道："这是你的孩子吗？""是的。"老弗莱明回答。绅士想了想，说："也许我可以用另一种方式报答你。我可以带走这孩子，让他接受最良好的教育，请相信我，以后他会成为你的骄傲的。"这次，老弗莱明爽快的答应了。

从此，弗莱明得到了受教育的机会，他选择了医学作为自己的研究方向，后来还进入了伦敦圣玛丽医院的实验室工作。由于不爱说话，终日默默无闻地工作，因此招致同事们的嘲笑，给他取了个外号"苏格兰老古董"。面对嘲弄，弗莱明并不放在心上，依然故我地做着科学研究。

有一天，实验室主任赖特爵士主持例行的业务讨论会。会上，一些实验工作人员口若悬河地演说着,大有哗众取宠之意,会议十分热闹,看起来一时半会不会结束。可是,弗莱明一言不发,沉默不语。赖特爵士看到这种情况,不由转过头来问道:"弗莱明,你难道没有什么见解和看法吗?""做。"弗莱明简单地说了一个字,然后又闭紧了嘴巴。赖特爵士看了看他,没说什么。其实,弗莱明的意思很明白,与其这样不着边际地夸夸其谈,不如立即恢复实验。

可是,会议依旧进行着,大多数工作人员依然你一言我一句,说个不停。

已经是下午五点钟了,会议还没有结束。赖特爵士口干舌燥,他再次转向弗莱明,问道:"弗莱明,你现在有什么意见要发表吗?""茶。"弗莱明平静地说了一个字,然后起身准备离去。下午五点是喝茶的时间,他提醒众人,不要再在这里乱侃乱说了,赶紧喝茶回去工作吧。

在这次会议上,弗莱明只说了这两个字,体现出他务实求进的工作作风。会议终于结束了,弗莱明像往日那样细心地观察起培养葡萄球细菌的玻璃罐来。这次他发现,罐子里有些泛绿,不由皱着眉头说:"唉,罐里又跑进去绿色的霉!"

然而,灵光一闪,弗莱明有了新的发现和想法,他看到绿色的霉周围没有葡萄球细菌,于是忍不住想:葡萄球细菌为什么不在绿色的霉周围生长呢?难道这种绿霉能阻止细菌的生长和繁殖?他苦苦地思虑着,并投入试验和研究当中,结果证实这种绿色霉果然具有杀菌功能,这让他很兴奋,开始细心地钻研这种物质。他透过显微镜发现这种霉菌像刷子一样,长着细细的长毛,于是便叫它为"盘尼西林"(Penicillin 的原意是有细毛的)。

此后,弗莱明便对盘尼西林做了系统的研究,10 年之后,盘尼西林正式在病人身上使用。在第二次世界大战期间,盘尼西林救活了无数人的生命。为此,弗莱明成为 20 世纪最伟大的科学家之一,受到世人尊崇和爱戴。

不得不提的是,青霉素还救了一个人的性命,这个人便是文中开头那个掉入沼泽的小男孩,他叫温斯顿·丘吉尔,英国最著名的首相之一。

盘尼西林就是现在通用的青霉素,是抗生素的一种。

很早以前,人们就发现某些微生物对另外一些微生物的生长繁殖有抑制作用,他们把这种现象称为抗生。直到弗莱明发现了盘尼西林,人们才真正地发现了抗生现象的本质。后来,从微生物中提取的具有抗生作用的物质种类越来越多,这类物质就被通称为抗生素。抗生素分为天然品和人工合成品两类。前者是由微生物直接产生的,后者是对天然抗生素进行了结构改造而获得的合成产品。

在临床中,青霉素的应用最为广泛。它由青霉菌的培养液中提取,是一种有机酸,可以与金属离子或有机碱结合成盐。对金黄色葡萄球菌、肺炎球菌、淋球菌效果显著,因此,广泛应用于治疗肺炎和外伤感染。除青霉素外,常见的还有链霉素和金霉素。

第谷·布拉赫(1546—1601),丹麦天文学家和占星学家。发现了许多新的天文现象,如黄赤交角的变化、月球运行的二均差,他编制的一部恒星表相当准确。

巴斯德和他的疫苗

许多细菌和病毒会给人类带来疾病，造成死亡，然而，人们可以利用这类细菌和病毒的毒素，把它少量地注射到正常人的体内，使人产生对某种疾病的抵抗力。这种用来注射的细菌和病毒，就是疫苗。

在巴黎巴斯德研究所外，矗立着一座雕塑，雕塑由一个少年和一个著名的科学家组成，他们两人为何会同时出现在一座雕塑中？其中又有什么样精彩的传奇或故事呢？

先来了解一下这两个人。科学家名叫巴斯德，被世人称颂为"进入科学王国的最完美无缺的人"，他不仅是个理论上的天才，还是个善于解决实际问题的人。他成功地研制出鸡霍乱疫苗、狂犬病疫苗等多种疫苗，其理论和免疫法引起了医学实践的重大变革。而少年名叫朱皮叶，是个牧童，15岁时因为抢救被疯狗追咬的同伴，曾身受重伤。

细心的读者朋友们也许已经发现了，这两个看似毫不相干的人实则有一点是相通的，这就是他们都与狂犬病有联系。确实，正是狂犬病将他们联系在一起。

巴斯德是致力于病菌研究的科学家，他勇敢地提出关于病菌的理论，并透过大量实验，证明了他理论的正确性，令科学界信服。为了降低病菌感染率，他还发明了巴氏消毒法。透过长期的试验观察，他发现患过某种传染病并得到痊愈的动物,以后对该病有免疫力。据此,他用减毒的炭疽、鸡霍乱病原菌分别免疫绵羊和鸡,获得了成功。从此,人们知道了利用这种方法可以免除许多传染病。

1881年,巴斯德开始专心研究狂犬病。他从科学实践中知道有侵染性的物质经过反复传代和干燥,会减少其毒性,于是他将含有病原的狂犬病的骨髓提取液多次注射兔子后,再将这些减毒的液体注射于狗,以后狗就能抵抗正常强度的狂犬病毒的侵染。

尽管试验在狗身上取得成功,可是没有人敢接种疫苗,有些人甚至说:"人怎么能接种狗身上的疫苗呢？接种了疫苗,人会不会变成狗？"也有人说:"疫苗只能用在动物身上,拿人做试验是不道德的。"还有人当面指责巴斯德:"无视人性,把人当作牲畜。"

面对方方面面的怀疑和指责,巴斯德勇敢地捍卫科学的真理,与他们斗争。5年后的一天,巴斯德正在工作室外散步,听到人们议论说:"有一个少年因为抢救被疯狗袭击的同伴受伤了,估计性命难保。"巴斯德大吃一惊,连忙向人打听少年的情况。原来,那个少年叫朱皮叶,是个牧童,与同伴放牧时,同伴遭到疯狗追咬。朱皮叶勇敢地跑过去,挡在同伴面前,与疯狗搏斗。结果,朱皮叶被咬得遍体鳞伤,伤势严重。

得知这个情况,巴斯德决定救少年一命,他立即亲自赶往少年住院的地方,提出为他注射狂犬病疫苗。在这之前,巴斯德曾经为一个9岁被疯狗咬伤的男孩注射过疫苗,获得成功,所以他对此事把握很大。等他找到朱皮叶,提出自己的想法时,朱皮叶的亲人和主治医生都表示反对,认为这样做太冒险。可是勇敢的朱皮叶同意了巴斯德的建议,他说:"我受了重伤,正好可以在我身上做试验。成功了,可以为更多人带来福音;失败了,他人也就不用受罪了。"

就这样，巴斯德为朱皮叶注射了毒性减到很低的狂犬病疫苗，然后再逐渐用毒性较强的疫苗注射。他希望在狂犬病的潜伏期过去之前，使朱皮叶产生抵抗力。结果，巴斯德试验成功，朱皮叶得救了，而狂犬病疫苗终于得到了世人的认可。

人们为了纪念巴斯德和朱皮叶，为他们树立了塑像，这就是故事开始时我们看到的那一幕。按照巴斯德免疫法，医学科学家们创造了防止若干种危险病的疫苗，成功地免除了斑彦伤寒、小儿麻痹等疾病的威胁。

疫苗的发明和使用，成功地预防了许多传染病的威胁，对人类和动物的健康起到很好的防护作用，是医学史上伟大的创举。

科学家们提取引起某种疾病的细菌或病毒的毒素，降低其毒性，把它少量多次地注射到正常人或动物的体内，使人或动物产生对这种疾病的抵抗力。这种用来注射的减毒的细菌或病毒，就是疫苗。

对人体或动物体来说，疫苗是一种异体物质，人们称它为抗原，抗原进入人体或动物体后，可以刺激人体或动物体内产生一种与其相应的抗体物质。抗体具有抑制和杀灭致病菌的功能，这便是人体或动物体内的免疫作用。所以，注射了某种菌苗或疫苗，人体或动物体就会产生对抗某种致病菌的抗体，这样就获得了免疫力，就不会再得某种传染病了。

伽利略（1564—1642），意大利物理学家、天文学家和哲学家，近代实验科学的先驱者。伽利略创制了天文望远镜，绘制了第一张月球图，开辟了天文学的新时代。

向伦琴邮购 X 光线

X 光是一种有能量的电磁波或辐射。当高速移动的电子撞击任何形态的物质时，X 光便有可能发生。X 光具有穿透性，对不同密度的物质有不同的穿透能力。

1895 年，德国物理学家伦琴沉迷在一项新的试验里，观察阴极射线试管的放电现象。这个试验已经做了很多次，然而伦琴依旧十分痴迷，废寝忘食地工作着。有一天，他给学生们讲完课，连讲稿也没放就快步走进实验室，继续自己的试验。

伦琴先用黑纸把阴极射线管包起来，再通电试验。这时，放置在旁边的荧光屏闪现出了亮光。伦琴眼睛一亮，他想，能透过这层黑纸的光线究竟是什么？是不是一种尚未被人类所知的射线呢？他反复思索、试验、试验、思索，不知不觉已到午夜，可是脑子里乱糟糟的，一时半会也想不出光线究竟是怎么回事。最后，他决定先回家吃饭，明天继续观察思考。

午夜时分，家人早已安睡，伦琴悄悄走进餐厅，晚餐就摆在长桌上，并盖着一块雪白的苫布。他走过去，轻轻揭开苫布，刚想拿起面包片来吃，却突然又住手了。原来，他看到电灯的光线透过苫布使面包流动黑影投射到餐桌上。这一个极为普通的生活现象，一下子打开了他的心扉。他想，苫布隔在灯光和餐桌之间，使得面包的投影发生变化，那么，要是在阴极射线管和荧光屏之间也加上一个隔离物,又会怎么样呢?想到这里,伦琴忘记了饥饿,他兴奋地跑出餐厅,又奔实验室去了。

伦琴进出家门的声音惊醒伦琴夫人,她走出卧室,看到丈夫远去的身影,发现晚餐原封不动地摆在那里,知道他又没有吃饭跑去做试验了。于是,她只好叹口气,包上几片面包,尾随丈夫到实验室去了。

实验室里,伦琴已经开始了新的实验。他先把平时放在阴极射线管附近的荧光板放到2米远的地方,然后中间用一本厚书隔开。伦琴夫人赶到时,恰好看到荧光板上闪现着浅绿色的荧光和淡淡的书影。

看见夫人来了,伦琴来不及接过她手里的面包,而是让她手持荧光板由近向远移动,测试射线到底能射出多远。伦琴夫人无奈地拿着荧光板,慢慢向后移动。她走出没多远,突然站在那里不动了,眼睛死死盯在荧光板上。

伦琴好奇地看着妻子,以为她发生了什么意外,连忙走过去。伦琴夫人十分激动,她几乎喊叫着说:"快看,快看。"伦琴顺着妻子的目光看去,在荧光板的后边,清晰地显现出手指骨骼的影子。

伦琴一下子叫起来:"亲爱的!你的手就要造福人类了!"他知道,这种特殊的射线映照出了妻子的手指骨骼,这是一个崭新的发现。他们没有停下来,又改用照相干版进行试验,获得了相同的结果。于是,他们把它洗成照片,那上面是一个完整的手骨影像。伦琴挥舞着这张不寻常的照片,大声说:"这是我们贡献给人类的礼物!"夫妇两人太兴奋了,伦琴夫人望着照片,探寻地说:"这到底是什么神奇的射线呢?这是个未知数,是 X。""对,"伦琴接着说,"这就是 X 光。"

人类第一张 X 光照片就这样在黎明时刻诞生了,很快轰动了整个德国,并引起了全世界的注意。当时，很多人并不知道 X 射线是何物，有一天，伦琴收到了一封信，竟然向他邮购 X 射线，伦琴觉得很可笑，就在回信中幽默地说："目前，我手头没有 X 射线的存货，而且邮寄 X 射线是一件相当麻烦的事情，因此不能奉命。这样吧，请把胸腔给我寄来！"到了今天，已经几乎没有人不知道 X 射线了。X 射线在医疗上的成功应用，为无数病人带来福音。

伦琴发现 X 射线后，将其命名为 X 光，这个"X"即无法了解、未知的意思。后来，人们为了纪念伦琴，也将其称为"伦琴线"。

X 光是一种具有高能量的光波粒子，以电磁波或辐射形式表现。当高速移动的电子撞击任何形态的物质时，X 光便有可能发生。X 光的特点是穿透性强，一般物体都挡不住。阻挡射线，有多种因素决定，比如射线的强度、频率，阻挡物质与射线的作用程度，阻挡物质的厚度，阻挡物质的大小等等，都起到一定作用。一般情况下，医院里常用的 X 光大约 3～5 cm 的铅块就可以阻挡了。由于 X 光对不同密度的物质有不同的穿透能力，因此在医学上 X 光用来投射人体器官及骨骼形成影像，藉以辅助诊断。

伦琴(1845—1923)，德国物理学家。发现了 X 射线，为人类利用 X 射线诊断与治疗疾病开拓了新途径，开创了医疗影像技术的先河。1901 年获诺贝尔奖物理学奖。

儿童游戏带来的听诊器

听诊器是目前医院内广泛使用的一种医疗器械。医生使用时，将听诊器的胸件贴置患者胸前，透过胸件上附有的振动膜放大人体内脏声音，传导至医生耳内，医生根据经验判断或采用计时计数法了解患者的心率及心律。

1816年9月的一天，法国医生雷内克烦闷不已地在街上散步。他诊断的一个病人刚刚过世了，这个病人是个体形肥胖的夫人，他获得死者家属的同意，解剖了这位夫人，发现她是死于大量的腹部积水。在之前的诊疗中，雷内克曾经按照上千年的医学惯例，通过敲打了解这位患者的身体情况，可因为腹部脂肪过厚，他根本就无法掌握准确的情况。到底要如何才能诊断出正确的情况呢？雷内克苦苦思索，却一无所获。

没几天，雷内克受邀来到一个豪华的住宅里，为一位尊贵的小姐看病。雷内克像往常一样，首先听了病人的病情介绍，然后询问了病人几个问题。他怀疑小姐患了心脏病，但又不敢确诊。这时，他多么想亲耳听一下小姐的心脏跳动啊，这将有助于诊断和治疗。要是病人是位男性，雷内克就可以将耳朵贴到他的胸前仔细地听一听了。这是当时医生惯用的诊病方法。可是，眼前的病人是位年轻的贵族小姐，直接用耳朵听显然不合适。

雷内克苦苦地思索着，希望找到解决问题的办法。忽然，院子里传来孩子们嬉闹声，他不由地站起来，顺着声音望出去。原来两个孩子在玩游戏，一个孩子在树的一头敲打，另一个孩子在树的另外一头，贴着耳朵倾听。看着看着，雷内克豁然开朗，他转身拿来一张纸，将纸紧紧地卷成一个圆筒状。然后微笑着说："小姐，我可以用它来听一下您的心跳吗？"

小姐看着长长的纸筒，同意了他的建议。

于是，雷内克将纸圆筒的一头紧贴在病人的胸部，另一头贴在自己的耳朵上。他听见了小姐的心跳，比耳杂直接贴在胸部听还清楚。

这件事给雷内克很大启发，他看完病回家后，立即请人专门做了一个空心的木管，用作看病时听诊用。这就是医学史第一个听诊器。这个听诊器的形状很象一个笛子，所以当时医生就叫它"医生之笛"。

此后，雷内克经过多次试验，找到了最适合做听诊器的材料，就是各种轻质木材或藤。木制听诊器一直用到1850年，才被橡胶管制成的听诊器所替代。1852年，一位名叫乔治·卡曼的美国医生在听诊器上加了两个耳机。1878年，又有人发明出了麦克风，并将麦克风接在听诊器的胸部端，将声音放大。到了今天，最初的听诊器已变成非常好用的双耳听诊器，今天已普遍用于世界各地。

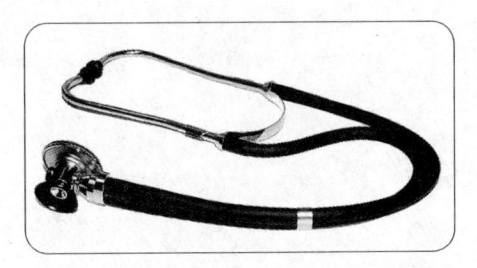

1826年8月13日，雷内克病逝于故乡。他留下的遗嘱中有这么一段："将我的医学书籍和论文都赠给我的外甥梅希笛克，还有手表和戒指；这些都是不重要的。值得永存的是，我把我所制造的第一个听诊器留给了他，这才是我赠与他的最珍贵的遗产。"

是什么原因让雷内克医生听见了小姐的心跳呢？原来，声音的发出是缘于物体的震动,然后通过空气传入耳朵。声音在空气中传播时是向四面八方传播的,雷内克用"听诊器"将声音"聚集"到一起,听起来的效果就好多了。这正是听诊器诊病的原理。

在医学史上,从很早开始,医生们应用直接听诊法检查病人。他们将自己的耳朵直接贴于病人的胸膛探听胸腔内各脏器的活动情况,这种方法尽管有诸多缺点但由于条件所限,两千多年来它一直被作为一种有效的检查手段沿用,直到1816年雷内克发明了听诊器,这种直接听诊法才逐渐被间接听诊法所代替。

克里克(1916—2004),英国物理学家,完成了DNA分子的双螺旋结构模型,发现了DNA的分子结构。1962年同沃森、威尔金斯一同荣获诺贝尔生理学或医学奖。

天上立法者的望远镜

天文望远镜是观测天体的重要手段，可以毫不夸大地说，没有望远镜的诞生和发展，就没有现代天文学。

有位天文学家，因为成就卓著，被后世的科学史家称为"天上的立法者"，他就是开普勒。

开普勒自幼体质虚弱，幼年时患过几次大病，差点夭折，虽死里逃生，身体却受到了严重摧残，视力衰弱，一只手半残。然而，开普勒身上有一种顽强的进取精神，他努力学习，成绩优异，还经常帮助父母料理家务，十分勤劳。

上大学时，开普勒受到天文学教授麦斯特林的影响，成为哥白尼学说的拥护者，对神学的信仰发生了动摇。

后来，开普勒获得了天文学硕士的学位，并在卓越的天文观察家第谷的帮助和指导下，取得巨大进步。第谷死后，开普勒接替了他的职位，被聘为皇帝的数学家。

开普勒家境贫寒，原想为皇帝工作后，生活会有起色，没想到皇帝对他十分悭吝，给他的薪俸仅仅是第谷的一半，还时常拖欠不给。这样一来，开普勒微薄的收入不足以养活年迈的母亲和妻儿，生活非常困苦。为了生计，开普勒便依靠占星术赚钱，他曾经说过："星占学女儿不挣钱来，天文学母亲就要饿死"。

1608年，有人请开普勒为一位匿名的贵族算命，开普勒算出，此人有"争名夺利的强烈愿望"，将会"被暴徒推为首领"等。他还敏锐地发现，这个人便是捷克的贵族瓦伦斯坦因。

果然，16年后，开普勒的预言应验了。瓦伦斯坦因担任了神圣罗马帝国的联军统帅。他再次派人找到开普勒，希望能够得知更为详细的命运。这一次，开普勒断然拒绝了，他教训说，如果现在还相信命运是由星辰决定，那此人"就还未将上帝为他点燃的理性之光放射出来"。也许正是他这种科学而理性的态度，才让他从占星学中获得了许多有关天文学的东西，从而开辟了天文学的新境界。

尽管生活艰难，开普勒却从未中断过自己的科学研究，并且在这种艰苦的环境下发明了新式望远镜——开普勒望远镜，取得了天文学上的累累硕果。

开普勒始终坚持不懈地同唯心主义的宇宙论作斗争，写了题为《为第谷·布拉赫申辩》的著作，驳诉乌尔苏斯对第谷的攻击。为此，开普勒受到了天主教会的迫害，不但把他的著作列为禁书，还派一群天主教徒包围他的住所，扬言要处决他。在这种情况下，开普勒毫不畏惧，他大胆地站出来，对众人说："处决我没有关系，但我不会放弃日心学说。地球就是围着太阳转，这一点谁也颠覆不了！"

天主教徒们十分生气，吵吵嚷嚷不肯离去，有些人甚至砸碎开普勒的家门，打算将他带走。这时，开普勒的妻子出来说："开普勒曾担任皇帝的数学家，皇帝都相信他的话，难道你们连皇帝也不尊重了吗？"这席话起了作用，教徒们叫嚷一会儿散去了。

后来，开普勒换过几次工作，但是所得薪酬都不多，生活依旧艰难。1630年

11月,因数月未得到薪金,生活难以维持,年迈的开普勒不得不亲自到工作过的里根斯堡索取。十分不幸的是,他刚刚到那里就卧病不起。11月15日,为天文学做出杰出贡献的开普勒在一家小客栈默默离世。人们整理他的遗物时,发现除了一些书籍和手稿之外,他身上仅仅剩下了7分尼(100分尼等于1马克)。

开普勒在天文学方面的杰出贡献之一,就是发明了开普勒望远镜,从而推动了天文学的发展和进步。

望远镜是观测天体的重要手段,在天文学上具有重要的地位,可以毫不夸张地说,没有望远镜的诞生和发展,就不可能有现代天文学的诞生。科学家们不断地改进和提高望远镜在各方面的性能,也让天文学得以迅速地发展,人类对于宇宙的认识不断加深。

常见的望远镜可简单分为三类,伽利略望远镜、开普勒望远镜和牛顿式望远镜。

其中,最为通用的是开普勒望远镜,这种望远镜由两个凸透镜构成。由于两个凸透镜之间有一个实像,安装分划板比较方便,而且各种性能优良,所以,目前军用望远镜、小型天文望远镜等专业级的望远镜都采用此种结构。

莱布尼茨(1646—1716),17、18世纪之交德国最重要的数学家、物理学家和哲学家,和牛顿同为微积分的创建人。

眼镜师发明的显微镜

显微镜是由一个透镜或几个透镜的组合构成的一种光学仪器，用来放大微小物体的像。

1632年，一个叫列文虎克的孩子出生在荷兰德尔夫特的一个眼镜师之家。他家境贫寒，父亲依靠为人制作眼镜养活家人。小列文虎克没有机会上学读书，却从小就与制作眼镜的玻璃结下了不解之缘。他非常喜欢玩弄各种玻璃，而且年龄不大就跟随父亲学会了用玻璃制作透镜。

有一天，列文虎克又在摆弄自己制作的透镜，他把两片不同大小的凸透镜重叠在一起，当移动到适当的距离时，突然发现很小的东西一下子被放大了好几倍。这个神奇的现象深深吸引了他，他不停地移动着透镜镜片，观察着各种细小的东西，觉得真是太不可思议了！列文虎克只顾自己观察，忘记手边的工作。一会儿，父亲回来看他没有干活，有些恼怒地批评他："又玩什么呢？还不快干活！"列文虎克这才回转心神，看着父亲说："父亲，快看，小东西变大了。"

父亲一听，也好奇地凑过来，透过重叠的镜片，他也看到了同样奇异的景象：小针头、小碎屑都变大了！这是怎么回事呢？父子俩十分好奇，立即动手做成两个不同口径的铁片筒，把透镜装在大铁筒里，使它能自由滑动，可以随意调整两个透镜的距离。这样做好后，为了方便使用，他们还在外面套上一个大铁筒。父子俩拿着发明的新产品观察了很多事物，结果都表明它具有放大的效果。

其实，在他之前，德国人衰伯、意大利解剖学家马尔比基、英国物理学家胡克都曾做出过简单的显微镜。但是，真正使显微镜得到改进并获得实用价值的，还是列文虎克。

此后，列文虎克投入到制造显微镜的工作中，他一生中制做了247台显微镜和172个镜头。除了制作显微镜外，列文虎克还用显微镜观察各种生物，成为一名杰出的生物学家。1668年，他用显微镜证实了马尔皮基关于毛细血管的发现。1674年，他观察了鱼、蛙、鸟类的卵形红血球和人类及其它动物的红血球。1675年，他发现了在青蛙内脏寄生的原生动物，震动了当时的生物界。1677年，他描述了哈姆曾发现的动物精子，并证实了精子对胚胎发育的重要性。1683年，他从一位老人的牙缝中取出一些牙垢，放到了显微镜下，从而发现了细菌。后来，显微镜广泛应用在医学、生物学各个领域，成为现代科学最重要的实用工具之一。

显微镜是由一个透镜或几个透镜的组合构成的一种光学仪器，用来放大微小物体的像，它向人类展示了一个全新的微观世界。显微镜可分为光学显微镜和电子显微镜两类。现在的光学显微镜可把物体放大1 500倍，分辨的最小极限达0.2微米。电子显微镜则是用高速电子束代替光束。由于电子流的波长比光波短得多，所以电子显微镜的放大倍数可达80万倍，分辨的最小极限达0.2纳米。

显微镜的工作原理是，当把待观察物体放在物镜焦点外侧靠近焦点处时，在物镜后所成的实像恰在目镜焦点内侧靠近焦点处，经目镜再次放大成一虚像。观察到的是经两次放大后的倒立虚像。

王水中的诺贝尔金质奖章

王水又称"王酸",是一种腐蚀性非常强、冒黄色烟的液体,是一种硝酸和盐酸组成的混合物,还是少数几种能够溶解金和铂的溶液。

在科学史上,曾经发生过这样一个感人的故事。有两位科学家,分别叫做劳厄和弗兰克,他们两人因为杰出的物理成就分获1914年和1925年的诺贝尔奖。可是,德国被纳粹统治以后,德国政府要没收他们的奖牌。为了保护奖牌和荣誉,两人辗转到了丹麦,找到丹麦同行玻尔,请求他保护自己的奖牌。

玻尔是著名的物理学家,也曾经获得过1922年的诺贝尔奖。他听说后,当即答应了劳厄和弗兰克的请求,决定不惜一切代价保护奖牌。

然而,不久丹麦也失陷,被纳粹德国占领了。此时,德国政府派人找到玻尔,要求一并没收他们三人的奖牌。情况危急,玻尔决定暂时离开祖国,去美国避难。可是奖牌怎么办呢?带在身上会不会遇到危险呢?

玻尔为此急得团团转,苦思冥想如何保护奖牌。这时,他的一位同事赫维西突然灵机一动,想出了办法,对他说:"你还记得波斯炼金术士札比尔·伊本·哈杨的故事吗?你可以效仿他保护金牌。"

札比尔·伊本·哈杨是约公元800年左右的一名炼金师,他无意中将食盐与矾(硫酸)混合到一起时发明了盐酸,由此获得国王颁发的金牌。之后他又发现,将盐酸与硝酸混合在一起,能够溶解金,后来国家发生战乱,他为了保护金牌，防止为人所抢夺，便采用这种方法溶化了金牌，藉以保护金牌。之后他便为此溶液取名王水。

玻尔一听，喜出望外，立即动手制造了这种溶液，将三块金牌放进去。纯金的奖牌很快溶解在了溶液里。这样，玻尔便随随便便地将溶液瓶放在实验室的架子上。来搜查的纳粹士兵哪里知道这普通的液体里还藏着这么大的秘密呢，玻尔又一口咬定奖牌已经不在他这里了。士兵们搜遍了，也没有找到奖牌，只好灰头土脸地走了。

战争结束后，溶液瓶里的黄金被还原后送到斯德哥尔摩，按当年的模子重新铸造，于1949年完璧归赵，回到了三位获奖者的手中。当时弗兰克工作的美国芝加哥市还专门为此举行了一个隆重的奖牌归还仪式呢。

玻尔用来溶解金牌的溶液叫做王水，又称"王酸"，是一种腐蚀性非常强、冒黄色烟的液体，它是一种硝酸和盐酸组成的混合物，其中混合比例为1∶3。这种溶液是少数几种能够溶解金和铂的溶液，常常被用在蚀刻工艺和一些分析过程中。

在王水中，单独的盐酸或者硝酸都不能溶解金。但它们联合起来后，硝酸是一种非常强烈的氧化剂，它可以溶解极微量的金，而盐酸则可以与溶液中的金离子反应，形成氯化金，使金离子离开溶液，这样硝酸就可以进一步溶解金了。这就是王水能够溶解金的原理。

威廉·赫歇尔（1738—1822），英国天文学家，恒星天文学的创始人，被誉为恒星天文学之父，是第一个确定了银河系形状大小和星数的人。

回头浪子发明的试剂

化学试剂是指一类具有各种标准纯度,用于教学、科研、分析测试,并可作为某些新型工业所需的纯和特纯的功能材料和原料的精细化学品。

1871年5月6日,法国美丽的海滨小城瑟堡市,一个名叫格林尼亚的小男孩出生于一家很有名望的造船厂业主的家里。富有的家庭环境让父母们分外溺爱这个孩子,于是,不出所料,这个孩子成长为了整个瑟堡市知名的纨绔子弟。

格林尼亚21岁了,他仍然整天无所事事,寻欢作乐,出入各种舞会,与许多姑娘交往密切,似乎他就是为这种事情而活的。他并不知道,这个城市的人都对他避之则吉,还以为自己分外地优秀,讨人喜欢呢。

有一次,瑟堡市的上流社会又举行舞会,格林尼亚自然不肯放过,他来到会场,挑选中意的舞伴,打算大出风头。然而,意想不到的事情发生了。当他向一位美丽端庄、气质非凡的女公爵伸出邀请之手时,这位来自巴黎的女公爵毫不客气地回绝了他,她鄙夷地说:"请快点走开,离我远一点,我最讨厌像你这样不学无术的花花公子挡住了我的视线!"

格林尼亚呆住了,长这么大以来,第一次碰到这么实实在在的钉子。他不知道,平日里,正直的人们都躲着他,赞美奉承他的都是些油滑的小人。直到今天,他才知道,原来他在人们心目中是这样的形象。他又气又恼,羞愤难当,往日的威风、傲气和蛮横一扫而空。这位花花公子痛苦地回到家里，闭门不出。他检讨自己的行为，认为自己虚度年华，毫无意义。自尊心驱使他要奋斗、要向上、要进步。于是，格林尼亚决心离家出走，重新开始自己的生活。他给家里留下了一封信："请不要来看我，让我重新开始，我会战胜自己，创造出一些成绩来的……"

浪子回头金不换。格林尼亚离开家后，来到里昂，想进大学读书，但他学业荒废得太多，根本不够入学的资格。面对打击，下定决心的格林尼亚毫不气馁，而是驻留在里昂，一边苦读，一边诚恳地联系各个学校，希望得到读书的机会。他的诚恳打动了拜路易·波韦尔教授，这位教授收留了他。有了老师辅导，经过两年刻苦学习，格林尼亚终于补上了过去所耽误的全部课程，进入里昂大学插班就读。

在大学学习期间，格林尼亚继续苦学，非常认真，成绩十分优异。幸运之神再次垂青了这位回头浪子，他赢得了有机化学权威菲利普·巴比埃的器重。巴比埃对他悉心指导，让他把自己曾经做过的所有著名的化学实验重新做了一遍。这个过程，对格林尼亚产生重大影响。他在大量的实验中发明了格氏试剂，对当时有机化学发展产生了重要影响。有鉴于此，1912年瑞典皇家科学院决定授予他诺贝尔化学奖。然而，格林尼亚却说："这是在重复老师的实验中发明的，成就应该属于我们两人。"巴比埃当然不会抢夺学生的成就，他坚持说："这是格林尼亚大量艰苦工作的回报，正是他使得该试剂大量推广使用，我建议以格氏试剂为其命名。"

格林尼亚获奖的消息传到瑟堡，他的家乡震动了。昔日的纨绔子弟，经过八年的艰苦努力，居然成了杰出的科学家，瑟堡为此特意举行了庆祝大会。最令格林尼亚大感意外的是，他竟然收到了当初拒绝自己的女公爵的来信，信中

科学发明

只有寥寥数语:"我永远敬爱你。"

格林尼亚试剂,又称格氏试剂,是化学试剂的一种。它是透过与含羰基物质(醛、酮、酯)进行亲核加成反应实现的,是亲核加成反应很好的反应物,在烷基镁卤一类有机金属化合物合成醇类化合物中有特殊功效。这种反应又称做格林尼亚反应。

格氏试剂用途很广,它能发生加成-水解反应,使甲醛、其它醛类、酮类或羧酸酯等分别还原为一级、二级、三级醇。它能与含有活泼氢的有机物发生取代反应以制取烷烃。它还能与大部分含有极性双键、三键的有机物发生加成反应。所以,利用格氏试剂可以合成许多有机化学基本原料,如醇、醛、酮、酸和烃类,尤其是各种醇类。

罗伯特·戈达德(1882—1945),是美国最早的火箭发动机发明家,被公认为现代火箭技术之父。1926年3月16日在马萨诸塞州沃德农场成功发射了世界上第一枚液体火箭。

摔碗摔出来的肥皂

肥皂的主要成分是高级脂肪酸的钠盐和钾盐。这些盐的分子,一部分能溶于水,叫"亲水基";另一部分却不溶于水,而溶于油,叫"亲油基"。当肥皂分子与油污分子相遇的时候,肥皂的亲水基溶于水,而亲油基则溶于油中。

科学史上,许多发明都带有偶然性,而肥皂的发明正是这样一个例子。

很久很久以前,古埃及的法老胡夫打算举办一个盛大的宴会,他告诉王宫里的厨子们,好好准备宴会,不能出一点差错。为了监督他们好好干活,法老制订了严明的纪律。如果出错,会有严厉的惩罚在等着他们;如果工作出色的话,也会有大大的奖赏!厨子们得到命令,干起活来特别卖力,一个个忙得团团转,都希望得到法老的奖赏。这些厨子里有一个十岁左右的小帮工,他刚刚到宫里的厨房不久,跟着师傅们从早忙到晚,十分辛苦,累得头昏眼花,也不敢坐下来休息一下,就怕领头的说他不卖力、干活懒散,而受到惩罚。

尽管如此,小帮工还是出错了。这天,他正在跑来跑去地忙碌着,听见师傅喊道:"羊油,我这里需要羊油,快给我送过来!"他一连催了几次,小帮工连忙到橱柜前,捧起一碗羊油跑过去。可是,装羊油的碗太滑了,他又心急,结果,刚到灶台前,他手里的碗就滑落了,掉进灶边的炭灰里。这一下,小帮工吓傻了,呆在当场不知道该怎么办才好!

师傅眼见发生了这种情况,四下里看看,见无人注意他们,悄声对小帮工说:"快,把碗扔到垃圾箱里,再把这堆炭灰清理出去。"他想了想,又补充道:"干完了好好洗洗手,别让人看出来。"

小帮工听了师傅的安排,像抓住了救命稻草一样,慌忙把碗扔了,又蹲下身子往外清理炭灰。他将混着羊油的炭灰一把把捧到外面,很快就干完了。不少厨子看他这么出力地干活,还夸他:"真能干。"小帮工处理完炭灰后,心里松了一口气,他想,看来无人发现我出的差错,不用担心受罚了。他边这样想着,边走到水盆边洗手。当他把手放进盆里时,奇怪的情况发生了:他的手上出现一些白糊糊的、泛着泡沫的东西。他搓了搓,泡沫似乎更丰富了。这是什么呢?他忙用水冲了冲,结果,更为神奇的一幕出现在眼前,他的手特别干净,一点油腻也没有了。要知道,在厨房工作,总是与油灰打交道,身上、手上经常油汪汪的,很难洗掉。

这次,小帮工望着自己洁白干爽的双手,心里说不出的好奇,连忙跑过去给师傅看。师傅惊讶极了,多年来,他最头疼的就是一双手整天油腻腻的,永远洗不干净。现在,小帮工的手神奇地干净了,他不得发出感慨,忙招呼他人过来观看。其他厨子们听说后,纷纷围过来,当他们看到小帮工洁净的双手时,无不奇怪地询问原因。小帮工就把自己刚刚的经历简单地一说。厨子们听了,也用混着羊油的炭灰洗手。真是神奇,他们手上的油污不见了,一双双手干干净净,泛着白亮的光泽。

厨子们大为喜悦,他们高兴地议论着。有的说:"这下好了,再也不用为油污烦愁了。"有的说:"没想到,我的手还能洗得这么干净。"还有一个厨子喜滋滋地说:"我的手整天油腻腻的,连我的孩子都不要我抱,这下好了,我的孩子肯定要我抱了。"

不久，这件事传到法老胡夫的耳朵里，他特地叫去小帮工，亲自检查他的双手。当他看到小帮工洁白亮泽的双手时，也觉得很神奇，于是命人用羊油和炭灰做成一个个小小的球状体，供宫里的人用，效果真的很不错。法老特别高兴，他发布命令，在全国推广使用这种混和物。从此，全国每个人都用它洗手，手变得干净多了。后来，这件事越传越远，用的人也越来越多。经过科学家研究，发现了其中的奥秘，他们不断改进技术，使其方便实用，我们今天使用的肥皂就这样诞生了。

当用肥皂洗油污时，肥皂中的亲水基溶于水，而亲油基则溶于油中。也就是说，亲油基可以与油分子结合，而亲水基则与水分子结合，这样一来，肥皂分子就将原来互不相溶的油和水结合在一起，从而使得油污脱离衣、物、身、手，随水而去。这也是小帮工能够洗干净手的原因所在。

除了上述基本原理以外，肥皂去污过程还包括其他复杂的现象。首先，肥皂需要具有湿润作用。为了使水分子易于渗透到织物组织中去，为了使污物易于分散到液体中去，必须降低水的表面张力，这就要求肥皂具有表面活性。其次，肥皂需要具有分散作用或胶溶作用。油渍、污物脱离衣物后，与水结合成胶体溶液，这就要求肥皂分子是分散剂。最后，肥皂还有保护作用。为了防止胶体溶液中的各种分子聚沉，用肥皂洗涤时常见到起泡现象，起泡和表面张力的降低有密切的关系，它间接地增加了肥皂的携污能力。

泊松(1781—1840)，法国数学家、物理学家和力学家。他第一个用冲量分量形式写分析力学，使用后称为泊松括号的运算符号；他所著的《力学教程》在很长时期内被作为标准教科书。

游戏启发的印刷术

印刷术普及了教育，提高了阅读能力和增加了社会流动的机会。可以说，几乎现代文明的每一进展，都或多或少地与印刷术的应用和传播发生关联。

毕昇发明活字印刷术之前，古代印书都是把书刻在整块整块的木板上印，既麻烦又费时。当时，许多负责印书刻字的低级官吏，因为长时间伏案工作，劳累过度，身体都受到了严重损伤。毕昇就是这样的一名官吏，他跟随师傅工作已有好几年了。师傅年纪大了，工作了几十年，驼背弓腰，眼睛几乎看不见。看到师傅和同事们深受刻字之苦，毕昇经常想：要是能够提高工作效率，不用这么辛苦地刻字，那该多好。

有一年清明，毕昇带着妻子儿女回老家祭祖。这是他难得轻闲的时日，于是经常跟孩子一起玩耍。有一天，他看见两个儿子玩过家家，他们用泥做成了锅、碗、桌、椅、猪、人，随心所欲地排来排去。毕昇看着看着，眼前忽然一亮，他想，我何不用泥刻成单字印章，不就可以随意排列，排成文章吗？想到这里，他大为兴奋，立即投入试验当中。

经过多次试验后，他成功了。他选择细腻的胶泥制成小型方块，在上面刻上凸面反手字，用火烧硬，按照韵母分别放在木格子里，这就是活字。印刷时，他在一块铁板上铺上松香、蜡和纸灰等粘合剂，按照字句段落将一个个活字依次排放，再在四周围上铁框，用火加热。待粘合剂稍微冷却时，用平板把版面压平,完全冷却后就可以印了。用这种方法印刷非常清晰简便,而且印完后,把印版用火一烘,粘合剂熔化,拆下一个个活字,留着下次排版再用,省略了重新刻字的麻烦和辛苦。

毕昇的发明引起了师傅和同事们极大的兴趣,他们高兴地说:"《大藏经》5 000多卷,雕了13万块木板,一间屋子都装不下,花了多少年心血!如果用这种办法,几个月就能完成了!真是太神奇了。"他们纷纷询问毕昇发明活字印刷的过程。

当他们听说毕昇从孩子们游戏中受到启发时,一位同事忍不住说:"谁家的孩子都玩这种游戏,为什么偏偏只有你发明了活字印刷呢?"

这时,毕昇的师傅开口说:"毕昇早就在琢磨提高工效的新方法了!冰冻三尺非一日之寒啊。"

大家听了,恍然大悟,无不流露出钦佩的神色。

活字印刷术是中国古代的四大发明之一,它的发明极大地提高了印刷效率。后来德国人谷登堡对中国古代活字版印刷术进行了改进和发展,使之在世界各国广泛应用,直到20世纪晚期,仍是常用印刷方法。

19世纪,印刷工业逐渐机械化。1860年,美国生产出第一批轮转机,以后德国相继生产了双色快速印刷机、印报纸用的轮转印刷机,1900年,他们又制造

科学发明

了6色轮转机。从20世纪50年代起,印刷技术不断与新兴科学技术结合,进入了现代化的发展阶段。90年代,计算机全面进入印刷领域,彩色桌面出版系统普及使用。

印刷术对人类的思想和整个社会产生了十分重大的影响。它促进了宗教改革和文艺复兴,有助于许多民族文字和文学的建立。另外,印刷术普及了教育,提高了阅读能力。如在早期德国的教会改革中就有出身鞋匠和铁匠家庭的教士和牧师。这充分说明印刷术能为地位低下的人提供改善社会处境的机会。总之,几乎现代文明的每一进展,都或多或少地与印刷术的应用和传播发生关联。

麦克斯韦(1831—1879),19世纪伟大的英国物理学家、数学家。著有电磁场理论的经典巨著《论电和磁》,1871年负责筹建著名的卡文迪什实验室,担任第一任主任。

第三章
科学定津及理论

苹果砸出的万有引力定律

万有引力定律是解释物体之间相互作用的引力的定律。两物体间引力的大小与两物体质量的乘积成正比，与两物体间距离的平方成反比，而与两物体的化学本质或物理状态以及中介物质无关。

著名作家伏尔泰曾经写过一本名叫《牛顿哲学原理》的书，在这本书里，他为我们讲述了科学家牛顿的一个小故事：

1665年秋天，牛顿坐在自家院子的苹果树下，正在苦思冥想一个问题，这个问题已经困扰他很久了，长期以来，他一直认为，一定有某种神秘的力存在，是这种无形的力拉着太阳系中的行星围绕太阳旋转。但是，这到底是怎样的一种力呢？

此时，秋阳已经渐渐偏西，温暖的阳光照在院子的草地上，景色柔和舒畅，苹果树上挂着不少红红的果子，饱满喜人，散发出沁人心脾的芳香。但是，这一切对于牛顿来说，似乎并不存在，他陷入沉思之中，他想的是神秘的、太阳与行星之间的力。牛顿已经坐了大半天，太阳慢慢下落，他不由想到：今天的思索不会有进展了吗，这种神秘的力还不肯与我见面吗？当他准备起身进屋的时候，突然，一个物体从树上掉下来，骨碌碌滚到他的脚边。牛顿吃了一惊，忙俯身观看，发现竟是一只又红又大的苹果，躺在他的脚边不动了。他好奇地弯腰捡起苹果，就在这一瞬间，他产生了很多疑问：为什么苹果会落在地上？为什么苹果不飞到空中或者其它方向？这究竟是什么原因造成的？一连串的问题让他大感兴奋，他立刻重新坐下来，握着苹果想了很多很多。

牛顿从苹果落地的现象中，联想到自己思索的神秘的力，终于找到了苹果下落的原因——引力的作用，这种来自地球的无形的力拉着苹果下落，正像地球拉着月球，月球便围绕地球转动，太阳拉着行星，行星便围绕太阳转动一样。

虽然这个故事的真实性不可考证，但不可否认的是，伏尔泰为我们讲述了一个精彩的故事，而且经口耳相传，已成为了最动人的传闻。牛顿家的那棵苹果树，也被剑桥大学移植到校内，用来纪念这位伟大的科学家。其实，牛顿发现了万有引力之后，并不是立即就得到公认的。当时，他在皇家学会的支持下，开始撰写力学巨著。可是写作占用了牛顿大量时间，他曾一度认为这项工作是毫无意义的。后来发生的事情又使牛顿几乎放弃了写书。

首先，牛顿开始写作不久，就遇到了经费问题。支持他写作的皇家学会由于经济困难，无法承担出版这部书的全部费用。接着，另一位科学家胡克发难，提出万有引力定律的雏形——平方反比定律是由他提出来的。所以，他要求牛顿在力学著作中对这点做特别的说明，以保持胡克对于平方反比定律的发现权。牛顿非常生气，打算中止写作。这时，支持他写书的哈雷焦虑万分，决定无论如何也要促成这部意义重大的巨著的出版，他开始四处奔波，并拿出自己的全部积蓄支持书稿出版。在他再三劝说之下，牛顿终于被他的热忱感动，认为自己太意气用事了，于是主动协调与胡克的关系，继续写作。经历了异常艰辛的写作，1687年4月，牛顿的著作《自然哲学的教学原理》终于全部完成了。哈雷等人对它预先进行了评价："千秋万代将赞美这部著作。"

太阳系中，引力无处不在，正是引力的作用，树上的苹果才会落下来，而不是飞到空中去；也正因此，太阳系中的行星才会围绕太阳旋转不停。

也许有人会问，既然地球上的物体之间存在着万有引力的相互作用，为什么我们却丝毫觉察不出来呢？这是因为地球上的物体对于地球来说，质量非常小，他们之间互相作用的引力与地球吸引它们的重力相比较的话，实在微不足道，所以我们平时根本觉察不出来。

还有人提出这样的不解，既然地球吸引着月亮，太阳吸引着地球和各个行星，为什么月亮不落向地球，而地球和各个行星也没有被吸引到太阳上去呢？

这是由于月亮环绕地球、地球以及各个行星环绕太阳运转的速度太大了。比如在高山上发射炮弹，炮弹在重力作用下，会在空中划出一条抛物线而落地。炮弹发射的距离与速度有关，发射的速度越大，它落地前经过的距离就越远，弹道曲线的弯曲程度也减小。要是给予这颗炮弹以足够大的速度，弹道曲线就会始终和地面平行，这颗炮弹就不会落回地面。由此我们也就明白，为什么月亮不落向地球、地球和各个行星没有被吸引到太阳上去。

牛顿(1643—1727)，英国物理学家、天文学家和数学家。建立了三条运动基本定律和万有引力定律，并建立了经典力学的理论体系。

金冠上的阿基米德定律

浸入静止流体中的物体，其所受到的流体浮力，等于物体所排开流体的质量，方向与重力相反而铅垂向上，作用线透过所排开流体的形心。

美国的贝尔在《数学人物》上是这样评价阿基米德的：任何一张开列有史以来三个最伟大的数学家的名单之中，必定会包括阿基米德，而另外两位通常是牛顿和高斯。不过以他们的宏伟业绩和所处的时代背景来比较，或拿他们影响当代和后世的深邃久远来比较，还应首推阿基米德。

公元前287年，古希腊西西里岛的叙拉古城邦内诞生了一位男婴，这个孩子后来成为伟大的科学家，被后人称颂。他就是创建机械学理论的阿基米德。说起阿基米德的科学创造，还有好几个有趣的故事。

有一天，叙拉古国王亥尼洛邀请阿基米德聊天。国王与阿基米德的父亲是亲戚，两家常有来往。交谈中，阿基米德说："给我一个杠杆，我能撬动地球。"亥尼洛国王听了，笑着说："你这样说我不反对，因为谁也无法用事实证明它。"阿基米德知道国王不相信自己，大胆地提出："国王陛下，您可以任意找一个非常重的东西，由我一个人来搬动，以验证我说的真假。"国王答应阿基米德，亲自挑了一艘三桅大木船，要求阿基米德搬动它。

阿基米德接受要求，并开始积极准备。

一个人搬动一艘大木船，这可是件轰动的新闻，城邦内的人们纷纷涌向预定的地点,前来看热闹。他们看到,船上装了一个螺旋,还有一根很长的带摇柄的螺杆,密密麻麻的绳索和滑轮从大船连到螺杆上。这时,阿基米德出现了,他面对国王和众人,不慌不忙地摇着手柄,奇迹出现了:大船果真在移动!人群惊奇地议论著,国王也睁大了好奇的眼睛。阿基米德停下摇动,走到国王跟前,请国王亲手摇动手柄。国王轻轻摇动手柄,大船听话地向前移动起来。此时,人们再也无法控制激动的情绪,热烈地鼓掌,高声地欢呼。国王立即向大家宣布:"大家听着,我下令,从今天起,无论阿基米德说什么,都要相信他。"

后来,阿基米德不断努力,取得很多成就。为了防备罗马人的进攻,他接受了亥尼洛国王的命令,制造了许多作战机器。亥尼洛国王逝世后,罗马人终于出兵攻打叙拉古,罗马将军马塞拉斯率领陆军和一个舰队攻城,此时,阿基米德的奇才在战争中显露出来了,他发明的放石炮、带着鸟嘴般巨大铁钳的木杆等,给敌军以沉重打击。

后来,新国王赫农做了一顶纯金的王冠。王冠做好后,国王怀疑工匠捣鬼,在金冠中掺了银子,可是,金冠的重量与当初交给金匠的纯金一样重,到底工匠有没有捣鬼呢?金冠十分精美,国王又不愿意破坏它。为此,国王觉得十分棘手,他不知道如何才能既检验了真假,又不会破坏王冠。这个问题难倒了所有大臣。最后,国王让阿基米德来解决这个难题。

阿基米德接到命令后,冥思苦想了很多方法,但都不管用,始终测不出金冠的真假。难道没有办法了吗?阿基米德带着这个困惑,一天到晚地思索着。这天,他准备洗澡,他一坐进澡盆,就发现水不断往外溢,同时感到身体向上浮。看着看着,他恍然大悟,一下子跳出澡盆,顾不得穿衣服就向王宫奔去,他一边跑一边大声喊着"尤里卡"、"尤里卡"。"尤里卡"是当地语言,意思是"我知道了"。他知道什么了?

原来，他看到自己的身体进入水中后，水就会排出来，那么，金冠放入水中，也会排出水来。如果将金冠与同等重量的金子放到水中，排出的水量一样多，金冠就没有掺假，相反，金冠就掺了别的金属。

阿基米德进入王宫后，透过试验，果真测出了金冠的真假。后来，阿基米德将其归纳总结，提出了有名的浮力定律，后来，该定律就被命名为阿基米德定律。

谁能想到，著名的阿基米德定律竟是在这样的情况下被提出并证实的呢？此后，这个定律成为流体静力学的重要原理，它的含义是：浸入静止流体（可以是液体，也可以是气体）中的物体，其所受到的流体浮力，等于物体所排开流体的质量，方向与重力相反而铅垂向上，作用线透过所排开流体的形心。物体的一部分浸入液体时，受到的浮力同样可以按照阿基米德定律计算，就是说，液面以下物体浸没部分的体积等于排开的液体体积。

在实际生活中，阿基米德原理得到了广泛的应用。比如，液体比重计就是根据阿基米德原理设计的，当一定重量的比重计插入液体时，测量所排开的液体体积（对应于浸没高度），即可求得液体比重。再比如，船舶、气球、飞艇等，都是靠浮力支持的。另外，阿基米德原理在造船和海洋工程的浮体平衡方面也有重要应用。

阿基米德（约公元前287—212），古希腊物理学家、数学家，静力学和流体静力学的奠基人。发现了浮力定律，也就是有名的阿基米德定律。

小医生与啤酒匠的能量守恒定律

能量守恒定律描述为,能量既不会凭空产生,也不会凭空消失,它只能从一种形式转化为别的形式,或者从一个物体转移到别的物体,在转化或转移的过程中其总量不变。

迈尔是一名德国医生,他喜欢探索,遇事总爱问个为什么。1840年2月22日,他作为一名随船医生跟着一支船队来到印度尼西亚。一天,当船队在加尔各答登陆时,船员因水土不服都生起病来,依照旧例,迈尔开始给船员们进行放血治疗。这是迈尔十分熟悉的治疗手段,因此实施起来并不费劲。但是,这次他却发现了一个新问题。

以前医治这种病人,只要在病人的静脉血管上扎一针,就会放出一股黑红的血来,这就基本达到治疗目的了。可是现在他发现,从船员的静脉里流出的仍然是鲜红的血。这是怎么回事呢?迈尔非常好奇,他知道,人的血液里面含有氧,所以,血液才是红色的。血液到了静脉时,氧气减少,颜色变暗。可是,为什么在这里人体静脉中的血液还如此鲜艳呢?只有一个答案,静脉血液里的氧气依然很充沛。对于这个现象,迈尔陷入沉思当中,经过推断,他得出一个结论,血液在人体内燃烧产生热量,维持人的体温。这里天气炎热,人要维持体温不需要燃烧那么多氧了,所以静脉里的血仍然是鲜红的。可是,这个结论又引发出一个新问题,人身上的热量到底是从哪来的?心脏的运动根本无法产生如此多的热,无法光靠它维持人的体温。那体温是靠全身血肉维持的了,而这又靠人吃的食物而来，不论吃肉吃菜，都一定是由植物而来，植物是靠太阳的光热而生长的。太阳的光热呢？——经过一系列猜想，他大胆地提出，太阳中心约2 750万度（实际上是1 500万度），是它提供给植物大量的能量，而后动物靠吃植物来维持生命，这归结到一点，就是能量如何转化的问题。

迈尔为自己的发现和设想大感兴奋，他一回到汉堡就写了一篇《论无机界的力》，并用自己的方法测得热功当量为365千克米/千卡。他将论文投到《物理年鉴》，希望引起更多科学家注意。然而，《物理年鉴》觉得他荒诞不经，不予发表，他只好将文章发表在一本名不见经传的医学杂志上。更可怕的是，物理学家们对迈尔的话不屑一顾，鄙夷地称他为"疯子"，诋毁他的声誉。在众人打击之下，就连他的家人也认为他的神志出现了问题，请医生为他治病。得不到人们理解的迈尔深陷苦恼之中，不久后就跳楼自杀，虽然侥幸救回了一条命，却精神失常了。

到了1847年，这年的英国科学协会的现场来了一位啤酒厂老板。他站在会议主席面前，极力恳求参加这次会议。这个人叫焦耳，是位啤酒制造者，却十分热爱科学。两年前，在剑桥举行的学会会议上，他当场做实验，宣布了震惊四座的一条理论：自然界的力（能）是不能毁灭的，哪里消耗了机械力（能），总得到相当的热。当时，台下坐满了赫赫有名的大科学家，他们对焦耳的理论大加否定，有位叫威廉·汤姆逊的科学教授甚至很不礼貌地当场退出会场。现在，焦耳又来到科学协会会议现场，并且带着自己最新的实验，主席知道他又要大发奇谈怪论了，因此不肯同意他参加会议。

焦耳耐心地说服主席，说："只要很短时间，我就可以做完实验。"主席再三思虑，决定道："既然这样，就给你几分钟，你必须快速做完实验，但是不能做任何报告。"焦耳接受了主席的要求，为实验积极准备。轮到他上台了，他抓住这几分钟,一边当众演示他的新实验,一边解释说:"大家看,机械能是可以转化为热能的,反过来说,热也可以转化为功……"他的话还没有说完,就听台下有人大喝一声:"胡说,热是一种物质,与功无关!"顿时,会场里一片喧嚷,人们将目光聚集到说话人身上。原来,他正是威廉·汤姆逊,一直反对焦耳关于能量转化的理论。焦耳当然知道汤姆逊的大名,但他毫不畏怯,冷静地面对着汤姆逊,说道:"如果热不能做功,那么蒸汽机的活塞为什么会动?能量要是不守恒,为什么人类总也造不成永动机?"几句平淡的话,使得会场归于平静。台下的科学家们陷入沉思当中,有的人还走到焦耳的仪器前,左看右看,认真探究。

焦耳在会议上的实验就这样结束了。虽然他没有发表报告,但引起了许多科学家的重视。特别是在会议上出言不逊的汤姆逊,他回到家后,开始认真做实验,找资料,分析研究焦耳提出的理论。结果,他发现了前面所提到的小医生迈尔所发表的文章,大吃一惊,于是赶紧去找焦耳,希望与他共同讨论能量转化问题。

在啤酒厂,汤姆逊见到了焦耳,并且得知了迈尔已精神失常,他大为惋惜,真切地对焦耳说:"焦耳先生,你们在这样艰苦的环境下探索科学真理,真得让人佩服。我今天是来认错的,希望您能原谅我,原谅一个科学家在新观点面前的无知。"焦耳热情地欢迎汤姆逊,并与他成为好友,两人一起做实验,探讨问题,在共同努力下,他们完成了能量守恒和转化定律。

在自然界中,存在着各种各样不同形式的能量,这些能量的形式与运动形式相对应,这些能量既不是凭空产生的,也不会凭空消失,他们之间可以相互转化,从一种形式转化为别的形式,或者从一个物体转移到别的物体,但是在转化或转移的过程中,其总量不变。这就是著名的能量守恒定律。

总之,不管是何种形式的能量,一定遵守转化和守恒的规律,要是它减少了,肯定会以其它形式表现出来,其它形式的能量就会增加。这种减少和增加保持平衡,总量相等。同样的,如果某个物体的能量减少,一定存在其它物体的能量增加,减少量和增加量也一定相等。

焦耳(1818—1889),英国自学成才的物理学家。当自由扩散气体从高压容器进入低压容器时,大多数气体和空气的温度都要下降,这一现象后来被称为焦耳-汤姆逊效应。

比萨塔上的自由落体

不受任何阻力,只在重力作用下而降落的物体,叫"自由落体"。如不考虑大气阻力,在该区域内的自由落体运动是匀加速直线运动。

公元前3世纪,古希腊有一位著名的科学家、哲学家、教育学家——亚里士多德。他是柏拉图的学生,亚历山大国王的老师。他的科学著作,涉及天文学、动物学、胚胎学、地理学、地质学、物理学、解剖学、生理学等诸方面,其知识之渊博,令人咋舌。也因此,他所提出的理论,都被后人奉为圭臬,绝不敢质疑。

然而,1 700年后的意大利,有位青年勇敢地向千年之前的大师提出了质疑,他,就是伽利略。

伽利略是伟大的科学家,他为了追求真理,多次提出不同寻常的见解,由此招来很多人的反对和嘲讽。在他很年轻时,曾经做过一次轰动世界、影响深远的实验,这就是著名的比萨塔落体试验。

在伽利略之前,人们普遍认同古希腊的亚里士多德提出的主张,认为物体下落的快慢是不一样的。它的下落速度和它的重量成正比,即物体越重,下落的速度越快;物体越轻,下落的速度越慢。比如说,10千克重的物体,下落的速度要比1千克重的物体快10倍。

亚里士多德的主张已经流行了1 700多年,人们一直尊奉它为真理,从来没有人提出过怀疑。可是,年轻的伽利略根据自己的经验推理,大胆质疑,认为这个说法不对。

　　为了证实自己的怀疑,伽利略决定亲自动手做一次实验。他经过深思熟虑,选择了比萨塔作实验场。

　　这天,伽利略带了两个大小一样但重量不等的铁球来到比萨塔前。这两个铁球一个是实心的,重100磅;另一个是空心的,只有1磅重。他站在比萨塔上面,望着塔下。只见塔下面站满了前来观看的人,原来大家听说伽利略准备做实验的事,纷纷赶来看热闹。他们议论声声,对伽利略表示怀疑和嘲讽。有人说:"瞧,这个小伙子一定是神经出错了,他怎么会怀疑亚里士多德呢?"周围人附和说:"是啊,亚里士多德的理论不会有错的!"

　　议论声没有吓住伽利略,他两手各拿一个铁球,冲着下面大声喊道:"下面的人们,你们看清楚,铁球就要落下去了。"

　　说完,伽利略张开两手,松开铁球。两个铁球平行下落,几乎同时砸向地面。看到这个情景,所有人都睁大了眼睛,吃惊地看着这一切,整个场地上鸦雀无声。

　　伽利略用实验推翻了亚里士多德的学说,揭开了落体运动的秘密。这个实验在物理学的发展史上也具有了划时代的重要意义。

在物理学中,自由落体指的是不受任何阻力,只在重力作用下降落的物体。常见的落体就是在地球引力作用下由静止状态开始下落的物体。

自由落体速度匀速增加,要想得到它瞬间的速度,可用公式 $v = gt$ 来计算;而它直线下落,位移的计算公式为 $h = \frac{1}{2} \times gt^2$。

根据自由落体的这个特点,科学界创造发明了很多实用物品,比如降落伞。伞兵从飞机上跳下时,若不张伞下降速度会非常快,而张开伞,增加阻力后,速度会减慢很多。经过测试发现,伞兵如果不张伞下跳,其终端速度约为 50 米/秒,而张伞时的终端速度约为 6 米/秒。

亚历山大·弗莱明(1881—1955),出生在苏格兰,从事免疫学研究,在第一次世界大战中作为一名军医。青霉素(也叫盘尼西林)的发明者,"抗生素之父"。

爱迪生的杠杆原理自来水

杠杆原理亦称"杠杆平衡条件"。 作用在杠杆上的两个力的大小跟它们的力臂成反比。 欲使杠杆达到平衡,动力臂是阻力臂的几倍,动力就是阻力的几分之一。

1868 年,爱迪生搬到了波士顿。此时,他取得了他第一项发明的专利,这是一个自动投票记录仪,可惜的是,他很快就发现,这个东西没法给他带来利润,没有一个政治家愿意购买它,因为他们都喜欢自己亲自查选票。第二年,爱迪生到了纽约,在这里他卖出了自己的第一台机器,一台证券行情自动记录收报机,他赚了 4 万美元。靠着这笔收入,他办起了自己的工程咨询业务所,从此开始了他的商业行为。

7 年后,他在新泽西办起了自己的工业实验室。这个实验室成为了发明的出产地,总共有 1 093 项发明从这里产生。其中有 389 项是关于电灯和电力的,195 项是关于留声机的,150 项是关于电报的,141 项是关于蓄电池的,还有 34 项是关于电话的。而也许你更想不到的是,连小小的橡皮也是出自爱迪生那天才的大脑。

除了这些惠及众人的发明之外,爱迪生还热衷于给自己的家庭发明各种各样的省力工具,留下了许多有趣的小故事。

有一年,爱迪生到别墅避暑,在那里,他发现有很多不便,尤其是给屋顶上的水池灌水,需要一个人来回提水上下好几次,既费时又费力。看到这种情况,爱迪生转动大脑,很快想出一个主意。他将别墅的大门上安装了一个装置,这个装置连接了地下的水与屋顶上的水池。只要推动大门,就能将地下的水压到屋顶水池里。这个装置安好后,爱迪生又开动智慧的大脑,改进了别墅内很多设备,代替了许多繁重的家务劳动。不久后的一天,爱迪生坐在别墅内思考问题,恰好来了位好友。这位好友进门后就抱怨道:"你的别墅大门太紧了,赶紧修理一下吧。"爱迪生不慌不忙地说:"我刚刚做了改善,有什么不对吗?"好友说:"我刚才进来时,用了吃奶的力气才推开大门!"爱迪生笑了,以安慰的语气说:"不要紧,你推开大门虽然用了不少力气,可也不算什么大难题。但是你这一推,已经给屋顶上的水池压进了将近 30 公升水,多么方便。"

爱迪生给屋顶水池压水,是运用杠杆原理而使力进行多次传递来实现的。杠杆原理是古希腊科学家阿基米德提出的,当时,阿基米德说过这样一句话:"假如给我一个支点,我就能把地球挪动!"这句话流传数千年,成为人们理解杠杆原理的一句名言。

在中国历史上,也有关于杠杆的记载。战国时代的墨子就在《墨经》中提出了相关的规律。在《墨经》里,他将砝码叫做"权",悬挂的重物叫做"重",支点的一边叫做"标"(力臂),另一边叫做"本"(重臂),这正切合了杠杆原理的基本内容。墨子还进一步提出,如果两边平衡,杠杆必然是水平的。在平衡状态下,加重其中一边,必将使这边下垂。这时要想使两边恢复平衡,应当移动支点,使"本"缩短,"标"加长。而在"本"短"标"长的情况下,假若再在两边增加相等的重量,那么"标"这一端必定下垂。

科里(1896—1984),美国生物化学家,提出"科里循环"的假设。发现了葡萄糖的磷酸醋形式及磷酸化在糖代谢中的重要意义,与奥赛共获 1947 年诺贝尔生理学或医学奖。

游戏中的帕斯卡定律

帕斯卡定律指的是在封闭容器中，静止流体的某一部分发生的压强变化，将毫无损失地传递至流体的各个部分和容器壁，压强等于作用力除以作用面积。

有这样一个有趣的笑话：一群伟大的科学家去世后在天堂里玩捉迷藏游戏，他们追来藏去，玩得很开心。下一个轮到爱因斯坦抓人了，他按照规矩闭上眼睛，从1数到100，然后睁开眼睛准备抓人。这时，他发现科学家们都藏起来了，而牛顿却站在原地，一动不动。爱因斯坦毫不迟疑，径直走过去，拉住牛顿的衣服笑着说："牛顿，我抓住你了。"牛顿并不躲闪，而是平静地说："不，你没有抓到牛顿。"爱因斯坦一惊，问道："我抓住了你，你不是牛顿又是谁？"牛顿抬手指脚下，说："你看我脚下是什么？"爱因斯坦顺着他的手低头望去，看到牛顿站在一块长宽都是一米的正方形的地板砖上。他想了想，仍然深感不解，不明白这代表了什么道理。牛顿却笑了，慢条斯理地说："我脚下是一块1平方米的方砖，我站在上面就是牛顿/平方米，所以你抓住的不是牛顿，你抓住的是帕斯卡。"爱因斯坦一听，哭笑不得。

故事中的帕斯卡便是率先论述液体压强的传递问题的人了。后人为纪念帕斯卡，就用他的名字来命名压强的单位，简称"帕"。1帕斯卡＝1牛顿/平方米。

在日常生活中，我们经常看到这样一个现象，当一条水龙带中没有水时，带子是扁的；而一旦水龙带接到自来水龙头上灌进水时，就变成圆柱形了。如果水龙带上扎了几个眼，情况就不妙了，水会从小眼里喷出来，喷向四面八方。水本来是在带子中往前流的，为什么能把水龙带撑圆？又为什么会喷出四面八方的水？

科学定律及理论

几百年前的法国,有位年轻人也对此产生了好奇心。他叫帕斯卡,父亲是位数学家,因此他从小接受了良好的教育,对于数学、物理都有浓厚的兴趣。帕斯卡喜欢思索,爱问为什么,他从水龙带的变化中受到启发,心想:莫非水不是只往前流,而是对四面八方都产生作用力?带着这个疑问,帕斯卡投入到实验之中,他制造了一个球,取名"帕斯卡球"。这个球是一个壁上有许多小孔的空心球,球上连接一个圆筒,筒里有可以移动的活塞。把水灌进球和筒里,向里压活塞,水便从各个小孔里喷射出来了,成了一支"多孔水枪"。从这个实验中,帕斯卡得出结论,液体能够把它所受到的压强向各个方向传递。水龙带灌满水以后变成圆柱形,就是因为水龙带里的水把自来水里的压强传递到了带壁的各个部分的结果。细心的帕斯卡进一步观察,看看球中喷出的水柱哪个更远。观察的结果却是每个孔里喷出水的距离都差不多远。也就是说,每个孔受到的压强都相同。经过反复多次试验,帕斯卡坚定了自己的观察结论,总结出液体传递压强的基本规律,这就是著名的帕斯卡定律。

帕斯卡和牛顿一样,也是一位杰出的科学家,他提出了帕斯卡定律,奠定了流体力学的基础。帕斯卡定律指的是在封闭容器中,静止流体的某一部分发生的压强变化,将毫无损失地传递至流体的各个部分和容器壁,压强等于作用力除以作用面积。根据帕斯卡定律,在水力系统中的一个活塞上施加一定的压强,必将在另一个活塞上产生相同的压强增量。所有的液压机械都是根据帕斯卡定律设计的,所以帕斯卡也被称为"液压机之父"。

赫兹(1857—1894),德国物理学家,对人类最伟大的贡献是用实验证实了电磁波的存在,开创了无线电电子技术的新纪元。

比上帝还挑剔的泡利原理

泡利在量子力学方面的主要贡献是发现了泡利不兼容原理。此原理指在原子中不能容纳运动状态完全相同的电子。

20世纪的奥地利，诞生了这样一位天才物理学家，他叫沃尔夫冈·泡利，对相对论及量子力学做出了杰出贡献，并因发现"泡利不兼容原理"（Exclusion Principle）而获1945年诺贝尔物理学奖。然而，他生性尖刻，特别爱挑刺，因此在科学界留下了很多趣闻。

有一次，泡利受邀出席国际会议，在会议上，他见到了伟大的科学家爱因斯坦，并倾听了爱因斯坦的演讲。当所有人报以热烈掌声的时候，泡利站起来，很平淡地说："我觉得爱因斯坦不完全是愚蠢的。"

还有一次会议上，泡利听完意大利物理学家塞格雷的报告后，与他以及很多科学家一起离开会议室时，毫不客气地对他说："我从来没有听过像你这么糟糕的报告。"当时，所有人都吃了一惊，而塞格雷一言未发。更令人吃惊的是，泡利想了一想，竟然回头对与他们同行的瑞士物理化学家布瑞斯彻说："不过，如果是你做报告的话，情况会更加糟糕。当然，你上次在苏黎士的开幕式报告除外。"对于这种当面的指责，大部分人都感到汗颜，因此对泡利既敬畏又无奈。

除了对同行的事业苛责挑剔外，泡利的尖刻还表现在日常生活中。有一次，泡利想去一个地方，但不知道该怎么走，一位同事好心告诉了他。后来，这位同事又热心地问他,找没找到那个地方时,没想到泡利讽刺地说:"在不谈论物理学时,你的思路应该说是清楚的。"

另外,泡利对于自己的学生也毫不客气。有一次一位学生写了论文请泡利看,过了两天学生问泡利的意见,泡利把论文还给他说:"连错误都够不上。"

在泡利生活的年代里,物理学界曾经流传这样一句笑谈:当泡利在哪里出现时,那儿的人不管做理论推导还是实验操作一定会出岔子。这就是有名的泡利效应。也因此,他还被埃伦菲斯特称为"上帝的鞭子"。

然而,如此的一个人,获得的却是所有人的尊重。因为他的尖刻与挑剔,正是出于对科学的尊重与求真精神。因此,尽管刻薄,泡利的敏锐和审慎挑剔还是受到不少科学家的尊重,其中,玻尔就称他作"物理学的良知",因为他具有一眼就能发现错误的能力。

他好争论,但绝非不尊重他人意见。当他验证了一个学术观点并得出正确结论后,不管这个观点是他自己的还是别人的,他都兴奋异常,如获至宝,而把争论时的面红耳赤忘得一干二净。正是他对于真理的庄重态度,他才赢得了玻尔、波恩等知名科学家的敬爱。

1945年,泡利获得了诺贝尔奖,普林斯顿高等研究院为他开了庆祝会,爱因斯坦为此在会上专门演讲表示祝贺。后来,泡利写信给波恩说:"当时的情景就像物理学的王传位于他的继承者。"这并不是夸耀和自大,没有人能否认,泡利确实是可以继承爱因斯坦的物理学家。

据说,人们十分渴望听到泡利说:"哦,这竟然没什么错。"因为这代表着极高的赞许。有人根据泡利的性格,还编了这样一则笑话,说泡利死后去见上帝,上帝把自己对世界的设计方案给他看,泡利看完后耸耸肩,说道:"你本来可以做得更好些……"

泡利不兼容原理指原子中不能容纳运动状态完全相同的电子。比如氦原子,它的两个电子虽然在相同的轨道上,伸展方向相同,但是自旋方向是相反的。由此可以得知,在原子的每一轨道中只能容纳自旋相反的两个电子。核外电子排布遵循泡利不兼容原理、能量最低原理和洪特规则。

泡利不兼容原理是量子力学中的一个著名原理。根据此原理,泡利处理了 h/4p 自旋问题,引入了二分量波函数的概念和所谓的泡利自旋矩阵。透过泡利等人的研究,后来的科学家认识到只有自旋半径为整数的粒子才受不兼容原理的限制,从而确立了自旋统计关系,推动了量子力学的建立和发展。

路易斯·巴斯德(1822—1895),法国微生物学家、化学家,近代微生物学的奠基人。像牛顿开辟出经典力学一样,巴斯德开辟了微生物领域,他也是一位科学巨人。

业余数学家之王的费马大定理

当 n > 2 时，$x^n + y^n = z^n$ 没有正整数解。这就是数学上著名的"费马大定理"，由科学家费马在17世纪提出。

1610年，费马生于法国南部博蒙·德·洛马涅一个富裕的家庭。良好的教育和富裕的家庭环境，让他自然而然地选择了律师这一人人羡慕的职业。当时,法国将很多的职务明码标价，公然出售，因此，还未毕业，费马就已经成为了"律师"和"参议员"。等到30岁返回家乡的时候，他已经是当地的议员了。

虽然没有太多的政绩，但费马的正直却是公认的，他不受贿、不勒索，温和敦厚，受到了几乎所有人的喜爱。也许正因此，他得以很快的擢升，长时间担任法官，甚至还担任过议会首席发言人、天主教联盟主席等职。当时，为了保持法官的公正，是不鼓励他们外出社交的。不过这对费马来说，正好可以让他将所有的空闲时间用于钻研他最喜爱的数学。尽管从未受过任何专业教育，但对数学强烈的趣味也足以让他成为17世纪最伟大的数学家了。

在费马的一生中，他极少发表自己的作品，就算是发表，一般也是隐姓埋名。直到他去世后，他的长子萨缪尔将他的著作集结出版，人们才知道，原来这位温和的法官同时也是一位不世出的天才数学家。他的费马大定理，也是他在阅读巴歇校订的丢番图《算术》时，在卷2命题8的一条页边做出的批注中提出，直到1670年他的长子出版了巴歇的书的第二版，将此批注同时出版，这条定理才走入人们的视线。

一经出版，费马大定理立刻成为了世界上最著名的数学问题，无数的数学家都希望能够证明它。20世纪初，一位德国工业家佛尔夫斯克将其遗产10万马克设立了一奖项，给予世界上头一个能解决费马最后定理之人，但一直未有人能够解决此问题。直到1993年6月21日，英国剑桥大学牛顿数学研究所的研讨会正式发表，声明困扰数学界几个世纪的费马大定理才解决了。这个报告立即震惊了整个数学界，也引起多年来关注此事的社会大众的注目，成为大家谈论的焦点。

解决这个问题的数学家名叫威利斯，他发表声明后，发现证明中存在瑕疵，于是又和学生花了14个月的时间加以修正。1994年9月19日，他们终于交出完整无瑕的解答，数学界的梦魇到此结束。

1997年6月，威利斯在德国哥廷根大学领取了佛尔夫斯克尔奖。此奖项的金额为10万马克，在当年悬赏时价值200百万美金，不过经过多年时间，威利斯领到时，只值5万美金左右了。尽管如此，威利斯已经名列数学青史，永垂不朽了。

当$n > 2$时，$x^n + y^n = z^n$没有正整数解。这就是数学上著名的"费马大定理"，由科学家费马在17世纪提出。为了获得它的一个肯定的或者否定的证明，历史上几次悬赏征求答案，一代又一代最优秀的数学家都曾研究过。

费马提出这个定理时，就声称已经解决了这个问题，但是没有公布结果，于是留下了这个数学难题中少有的千古之谜。几百年以来，无数数学家为此绞尽脑汁，始终得不到准确的答案。即使现代电子计算机发明以后，也只能证明：当n小于等于4 100万时，费马大定理是正确的。

现在，威利斯已经证明了此定理，即要证明费马最后定理是正确的（$x^n + y^n = z^n$对$n \geq 2$均无正整数解），只需证$x^4 + y^4 = z^4$和$x^p + y^p = z^p$（P为奇质数），都没有正整数解。

骄傲的弹簧启发胡克定津

胡克定律，又名弹性力定律。 内容为：在弹性限度内，弹簧的弹力 f 和弹簧的长度变化量 x 成正比，即 f= – kx。 k 是物质的弹性系数，它由材料的性质所决定，负号表示弹簧所产生的弹力与其伸长（或压缩）的方向相反。

胡克是 17 世纪英国最杰出的科学家之一。他在力学、光学、天文学等多方面都有重大成就。他所设计和发明的科学仪器在当时是无与伦比的。

1665 年胡克任格雷山姆学院几何学、地质学教授，并从事天文观测工作。1666 年伦敦大火后，他担任测量员以及伦敦市政检查官，参加了伦敦重建工作。在这些工作当中，他接触到了弹簧,从而产生了浓厚的兴趣。

从古代起，人们就从建筑劳动中获得了大量有关材料强度方面的知识，其后，很多科学家都做过这方面的实验。比如，意大利著名的科学家达·芬奇，曾经用铁丝吊起一只篮子，然后慢慢向篮中加沙子，当铁丝断裂的时候，记下沙子的重量，以此观测铁丝的强度；无独有偶，伽利略也做过类似的实验，他还测量过悬臂梁加上重物以后的弯曲程度。

胡克接触到了弹簧，自然想起前辈们做过的各种测验，他准备也来研究一下弹簧，看看它到底具备哪些性能。

这天，胡克在实验室里挂起一根弹簧，然后，不住地在弹簧的另一端加重量。他先是挂上衣服、器具，随后又挂上板凳、桌椅，随着重量增加，弹簧不断伸长,最后这根弹簧竟然围绕室内一圈。胡克观测着,心里很激动,他想,弯曲的弹簧变直了,越来越长,承担的重量也越来越大,它们之间有没有必然的联系呢?

为了明确弹簧的性能,胡克天天观测各种弹簧的现象,实验室里挂满了各式各样的弹簧。它们有的挂着沉重的物体,有的挂着很少的东西,总之,弹簧长短不一,曲直不同,就像是一个巨大的铁丝世界一样。经过多次试验,他将各种资料列在一起时,发现了一个规律:弹簧上所加重量的大小与弹簧的伸长量成正比。

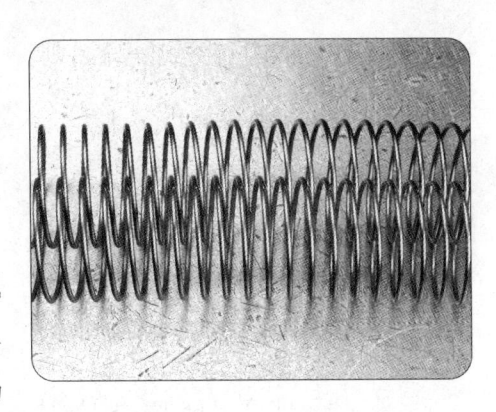

这一发现,使胡克十分兴奋,他继而产生了更广泛的联想:很多物体具有弹性,它们是不是也和弹簧一样,具有这种性质呢?他开始进行更多的实验。这次,他选择了表的游丝做实验。他把表的游丝固定在黄铜的轮子上,加上外力使轮子转动,游丝便收缩或放松。改变外力的大小,游丝收缩或放松的程度也会改变。实验结果表明,外力与游丝收缩或放松的程度成正比。

胡克非常激动,他又寻来各种物体,观察它们的弹性性能,结果都得出同样的结论。就连一根木棍,在外力变化的情况下,发生弯曲的程度也有变化。从一系列试验中,胡克最终得出了这样的结论:任何有弹性的物体,弹性力都与它伸长的距离成正比。1678年,胡克写了一篇《弹簧》论文,向人们介绍了对弹性物体实验的结果,为材料力学和弹性力学的发展奠定了基础。

不过,也有人说,最早发现这一定律的应该是中国人。原来,早于胡克1 500年前,东汉的经学家和教育家郑玄(公元127—200年)就在为《考工记·马人》一文的"量其力,有三钧"一句中作注解时写到:"假设弓力胜三石,引之中三尺,驰其弦,以绳缓撌之,每加物一石,则张一尺。"正确地展示了力与形变成正比的关系。

自从胡克发现弹性规律以后,很多科学家在此领域进行了进一步研究工作,从而发展和完善了弹性力定律。

19世纪科学家托马斯·杨在总结胡克等人的研究成果之上,指出弹性体的伸出量有一定限度,如果超过这个限度,弹性体就会断裂,弹性力也就不适用了。另外,他还推算出施加给弹性体的外力与不同物体的改变之间的比例常数,这个常数被人们称为杨氏模量。

从胡克到托马斯·杨,通过多位科学家长期努力的研究,最终准确地确立了物体的弹性力定律。后人为纪念胡克的开创性工作和取得的成果,便把这个定律叫做胡克定律。

施塔林(1866—1927),英国生理学家。1915年首次宣布"心的定律"的发现,对循环生理作出独创性成就。1902年与裴理斯合作,发现刺激胰液分泌的促胰液素,1905年首次提出"激素"一词。

摆的等时性原理

摆的等时性原理指的是摆动的周期与摆的长度的平方根成正比,而与摆锤的重量无关。 这就是著名的"摆的等时性原理"。

1582 年,伽利略 18 岁,正在比萨城的一所学校学医学,准备将来有一天成为一名医生。这个职业也许不合他的意,他看起来学得并不是十分投入,而是迷恋着许多不可思议的自然现象,经常陷入各种各样的胡思乱想之中。又是一个礼拜天,伽利略像往常一样,随同学们一起去比萨大教堂做礼拜。

教堂里跪满了信徒,大家屏息静气地听着主教演讲,十分沉寂。突然,外面刮进一阵风,吹得教堂顶端悬挂的一盏吊灯来回摆动。摆动的吊灯链条发出嘀嘀嗒嗒的声音,在肃穆的教堂里显得格外清脆。伽利略不由地抬头看了一眼吊灯,这一看不要紧,引起他极大的兴趣,他目不转睛地观察吊灯的摆动,早已忘记主教的演讲。伽利略究竟发现了什么呢?

原来,伽利略发现吊灯的摆动会随着风变小,而且越来越微弱。这是很正常的自然现象,然而,伽利略却看出了特别的东西。他觉得虽然吊灯摆动的振幅小了,但是

所需时间似乎没有变化。这样想着,伽利略开始检验自己的观察结果,他用右手指按在左手腕的脉搏上,透过测量脉搏的跳动来观察吊灯的摆动次数。要知道脉搏跳动是十分规律的,据此,伽利略得出了一个令人惊奇的结果:不论吊灯摆动的幅度多大,每摆动一次所需用的时间的的确确是相同的。这个结果让伽利略大吃一惊,简直如遭雷击一般。多少年来,人们对于摆动一直尊奉一条规则,那就是亚里士多德提出的"摆动幅度小,则需要的时间少"这样的定律。现在,伽利略却意外发现摆动的振幅与时间之间没有这种关系,这是伟大的发现还是感觉的错误?伽利略一刻也坐不住了,他不等礼拜完毕,爬起来迅速跑回家去。

回到家后,伽利略迫不及待地进行了试验,他找来一只沙钟,准备好笔、墨水、纸张,以备记录各种实验数据。为了精确地得到试验数据,他还请了自己的教父来帮忙。

伽利略对教父说:"我有一个伟大的发现,请您帮忙。"教父看到他准备的材料,以为他又要进行什么奇怪的试验,便说:"好吧,不知道这次你要试验什么?"

伽利略对他说了自己在教堂里发现的问题,然后说想要证明摆动和时间的关系问题。教父听了,划着十字说:"伟大的亚里士多德已经对这个问题进行了明确的阐说,难道他错了吗?孩子,你要进行的可是一项太冒险的试验了。"

伽利略自然清楚自己挑战的是什么,但他毫不迟疑,说服教父,开始了试验。他和教父拿着长度相同的绳子,每根绳子的一端都挂着相等重量的铅块,他们将绳子分别系在柱子上。然后,伽利略手拿两个铅块,分别将绳子拉到离垂直线不同的位置上,同时放开手里的铅块。于是绳索开始自由摆动,他和教父分别记录不同铅块的摆动情况,然后将结果加以比较。

经过反复多次试验,伽利略发现,两根绳索来回摆动的次数总数是一样的。也就是说,不管两根绳索的摆动幅度如何,它们需要的时间相同。由此,伽利略发现了摆动的规律,提出了著名的"摆的等时性原理",推翻了一千多年来亚里士多德关于摆动的错误定论。

不论摆动的振幅大小,完成一次摆动的时间是相同的。摆动的周期与摆的长度的平方根成正比,而与摆锤的重量无关。这就是伽利略年轻时发现的著名的"摆的等时性原理"。

后来,荷兰的科学家犹更斯根据这个原理,制造出了挂摆的时钟,从而将时间的误差减少到以秒来计算。到了今天,摆的等时性原理不仅被运用到时钟上,还可以用于计数脉搏、计算日食和推算星辰的运动等方面。同时,还可以根据此周期公式,利用单摆测定各地的重力加速度。

鲍罗丁(1833—1887),俄国作曲家,化学家。在化学研究上,最早制成苯甲酰氯,曾探索醛类缩合反应。

三段论推出的演绎推理

演绎推理的主要形式是三段论,即大前提、小前提和结论。 大前提是一般事理,小前提是论证的个别事物,结论就是论点。

亚里士多德是人类历史上难得一见的伟大思想家、哲学家、科学家,他推广教育,研究科学、文化以及多种领域的问题,成就卓著,达到几乎无人可比的地步。

亚里士多德出生在医学之家,他的父亲是马其顿王国的宫廷医生,家境优裕,所以,他从小就接受了良好的教育。17 岁时,他师从思想家柏拉图,成为著名的柏拉图学园的一名学生。这对师生之间具有非同一般的关系,他们的故事也广为流传。

亚里士多德在学园里勤奋攻读,涉猎广泛,进步很快。柏拉图十分看重他,认为他非常聪明,思维敏捷,不同于一般人。同时,柏拉图也严格约束他,柏拉图曾经说过"要给亚里士多德戴上缰绳"的话,认为如不加以管教,亚里士多德就不会成为自己期望的人。而亚里士多德呢,他很尊敬自己的老师,然而,在许多问题上,他却具有自己独特的见解和看法,并经常与老师理论争辩。好多次,他都把老师问得答不上来。他曾说过"我爱我的老师,但是我更爱真理。"

柏拉图去世后,亚里士多德离开学园,成为马其顿王国的太子亚历山大的老师。后来,亚历山大继位,亚里士多德到雅典办学。

亚里士多德来到雅典后,提出了对青年学生必须进行"智育、德育、体育"三方面教育的理论,并积极付诸实施。他还提出了划分年级的学制,主张对不同年龄段的学生,分别施以不同的小学、中学教育。同时,他还主张,在学生们中学毕业之后,还要对其中的优秀分子继续培养,这是大学的初步构想。他因此创办了吕克昂学园。

在办学期间,亚历山大国王大力支持亚里士多德,先后为他提供了800金塔兰(每塔兰重合黄金60磅)的经费。亚里士多德在吕克昂学园里建立了欧洲第一个图书馆,里面了珍藏了许多自然科学和法律方面的书籍。这个学校成为古希腊科学发展的主要中心之一。

在吕克昂学园,亚里士多德带领学生们进行生物学研究,解剖各种动物,他们在无数次解剖试验中,发现了一条规律:动物进化愈是高级,它的生理机构也就愈是复杂。为了支持他们做试验,亚历山大甚至通告全国,凡是猎手和渔夫抓到稀奇古怪的动物,都要送到亚里士多德那里。

当然,在吕克昂学园,学生们还要接受其它教育,其中思想和哲学教育占有很大比例。他们的学习方法灵活多样,学习氛围自由宽松。于是,在公元前320年前的雅典城郊外,人们就常常看到这样一幅场景:年过60的亚里士多德,身边跟随着十多位青年,他们有时候在树林中逍遥自在地漫步交谈,有时候坐在山谷溪旁的大石块上热烈地讨论着。他们正在学习讨论亚里士多德提出的"三段论"。

有些学生仍有困惑,提问道:"老师,您再讲讲'三段论'大前提、小前提、结论……"

亚里士多德微微笑着,慢慢地说:"在希腊,有个十分有趣的谚语:如果你的钱包在你的口袋里,而你的钱又在你的钱包里,那么,你的钱肯定在你的口袋里。这就是一个非常完整的三段论。明白了吗?"

学生们点点头,一个个陷入深深的思索之中。

正是在这种孜孜不倦的教诲之下,吕克昂学园的学生们大多进步很快,学业优异,并在各个行业取得巨大成就。这也是亚里士多德的伟大功绩之一。

三段论是演绎推理或演绎论的基本形式,它的特点是从普遍性结论或一般性事理推导出个别性结论,要求一般原理即大前提必须正确,而且要和结论有必然的联系,不能有丝毫的牵强或脱节,否则会使人对结论的正确性产生怀疑。因此,演绎推理也常被称之为一种必然性推理,或保真性推理,反映了论据与论点之间由一般到个别的逻辑关系。

到了今天,科学家常常采用演绎推理法来推理各种试验或知识。比如,在整个宇宙中,宇宙的"统一性"知识成为演绎逻辑的最根本性前提,或者说是绝对真理或"先验"真理,而其它科学知识则都隐含于这个大前提之中。

波伊尔(1627—1691),英国化学家和自然哲学家。伦敦皇家学会创始人之一,由于研究气体性质而闻名,是近代化学元素理论的先驱。

爱因斯坦的相对论

相对论是关于时空和引力的基本理论，它的基本假设是光速不变原理、相对性原理和等效原理。

阿尔伯特·爱因斯坦创立的相对论，是科学发展史上划时代的里程碑。但是对于相对论，并不是所有人都能理解和接受的，为此，曾经发生过几个有意思的故事。

爱因斯坦晚年时，很多青年学生都尊敬地向他请教相对论问题。有一次，一群学生请他解释什么是相对论。爱因斯坦想了想，看着这群风华正茂的青年，打了一个生动而幽默的比方，他说："当你和一个美丽的姑娘坐上两个小时，你会感到好像只坐了一分钟；但要是在炽热的火炉边，哪怕只坐上一分钟，你却感到好象是坐了两小时。这就是相对论。"学生们听了，开心而会意地笑起来。有一次，爱因斯坦和朋友出去溜冰，不小心滑倒了。旁边的人赶紧过来将他扶起，调侃地说："爱因斯坦先生，根据相对论的理论，您并没有摔倒，只是地球忽然倾斜了一下，对吗？"爱因斯坦坦然地说："先生，我同意你的看法，但这两种理论对我来说，都是一样的。"

20世纪30年代，他在巴黎大学演讲时说："如果我的相对论证实了，那么德国人会说我是一个德国人，而法国人则会说我是世界公民。但是，如果我的理论被证明是错的，那么，法国人会说我是一个德国人，而德国人则会说我是个犹太人。"对他来说，这也是相对论。

关于相对论,也有来自各方的批判。1930 年,德国出版了一本批判相对论的书,书名叫做《一百位教授出面证明爱因斯坦错了》。爱因斯坦听说此事后,并没有当回事,只是耸耸肩膀说:"100 位?干吗要这么多人?只要能证明我真的错了,哪怕是一个人出面也足够了。"

可见,他对于自己的理论抱有坚定的信念,对于科学抱有不怕错的态度。这一点也反映在他的日常工作当中。有一年,爱因斯坦到普林斯顿大学工作,他来到办公室后,负责人员问他都需要什么东西。爱因斯坦看了一下室内,简单地说:"一张书桌或台子,一把椅子和一些纸张铅笔就行了。啊,对了,还要一个大废纸篓。"他用双手比划了一下。负责人员奇怪地问:"为什么要大的?""好让我把所有的错误都扔进去。"爱因斯坦平静地回答。爱因斯坦创立的相对论是关于时空和引力的基本理论,分为狭义相对论和广义相对论。相对论提出了"同时的相对性"、"四维时空"、"弯曲空间"等全新的概念,极大地改变了人类对宇宙和自然的"常识性"观念。它和量子力学构成了现代物理学的两大基本支柱,奠定了经典物理学基础的经典力学。

狭义相对论建立在四维时空观上。四维时空的意义在于时间是第四维坐标,与空间坐标有联系。这可以用一个简单的试验来说明,一把尺子在三维空间里(不含时间)转动,它的长度不会改变,但旋转它时,它的各坐标值均发生了变化,且坐标之间是有联系的。也就是说时空是统一的、不可分割的整体,它们是一种"此消彼长"的关系。

广义相对论是爱因斯坦将相对性原理推广到非惯性系的结果,它有三个原理。一,广义相对性原理。指的是在一切参考系中,不同参考系可以同样有效地描述自然律。二,光速不变原理。指的是光速在任意参考系内都是不变的。三,等效原理,即惯性质量与引力质量完全相等。

弱互作用下的宇称不守恒

物理学上,"宇称"可理解为"左右对称"或"左右交换","宇称不变性"就是"左右交换不变",或者"镜象与原物对称"。根据左右对称性就可引伸出"宇称守恒定律",但在弱相互作用下宇称不守恒。

杨振宁23岁时到美国留学,师从著名的物理学大师费米、泰勒教授等人。当时,他希望写一篇实验论文,于是到艾里逊教授的实验室做研究工作,打算造一套40万伏的加速器。可是,杨振宁虽然具备扎实的理论基础和理论能力,却缺乏动手能力,结果在实验中多次失败。18个月以后,实验室传出一个笑话:凡是有爆炸的地方,一定有杨振宁。以此说明他做实验的失败程度。

在重视实验的物理学领域,缺乏实验能力还能有什么成就呢?杨振宁陷入苦思之中。有一天,泰勒教授找到他说:"你的实验是不是不太成功?其实,你不必坚持一定要写实验论文。你已写了理论论文,就用这篇论文作为毕业(博士)论文吧,我可以做你的导师。"这句话给杨振宁极大的鼓舞,从此他坚定了自己奋斗的方向,专心攻研物理学理论方面的难题。

两年后,杨振宁到著名的普林斯顿研究院工作。在那里,有许多世界级科学大师,学术氛围极其浓厚。不久,杨振宁就结识了来自祖国的李政道,两位年轻人志同道合,在科学领域共同努力,取得很大进步。

1954年,他们开始关注宇称不守恒问题。在物理学中,对称性具有非常深刻的含义,指的是物理规律在某种变换下的不变性,根据左右对称性就可引申出"宇称守恒定律"。然而,杨振宁和李政道透过理论分析发现,在弱相互作用过程前后,宇称可能不守恒。

为了证明自己的假设,他们设计了一系列可用来检验宇称是否守恒的实验方案,设计的原则是要安排两套实验装置,它们严格地互为镜象,然后在这两套装置中观测弱作用过程,看看两套装置中出现的是不是互为镜象的现象。

这个大胆的提议引起物理学界广泛关注,1956年4月,第6届国际高能物理会议在罗切斯特大学召开。杨振宁和李政道同时出席这次会议,在最后一天的讨论会上,他们应邀做该问题的介绍报告。

结果,这次报告取得了极大的影响,物理学家费曼和布洛克同他们交流看法,共同讨论。一个月后,杨振宁和李政道正式提出宇称不守恒的假说。为了证明预言的正确性,他们找到了吴健雄博士。吴健雄有许多新巧的物理实验技术广泛为其它物理学家所采用,许多物理学家在实验上遭遇到困难,也会寻求她的协助。吴健雄博士当即答应了他们的请求,与华盛顿的美国国家标准局的阿贝尔博士商讨合作这一实验的可能性。她在极低温度(绝对零度以上0.01摄氏度)的磁场中,观测钴60衰变为镍60,及电子和反微子的弱交换作用,果然发现电子及反微子均不遵守宇称守恒原理。

1957年,美国物理学会邀请杨振宁和李政道在年会上介绍这一成果。当时,会场爆满,挤满了来自世界各地的科学家、学者、记者,他们怀着各种不同的心情前来倾听震惊科学界的宇称不守恒定律。由于人太多了,有些人为了能够清晰地看到报告场面,甚至爬上了吊灯,站到了桌子上。杨振宁和李政道非常激动,他们介绍了自己的成果,还当场演示了实验,只听会场上不时爆发出热烈的掌声。这次报告会再次获得成功。

宇称不守恒定律是如此的重要,一向矜持的瑞典皇家科学院也打破了常规,不到一年就把物理学奖授予了这两名年轻的中国人,当时,杨振宁36岁,而李政道不过32岁,他们因此攀登上科学最高峰,位居世界一流科学家的行列。

杨振宁和李政道提出的宇称不守恒定律,打破了物理学领域传统的宇称守恒定律原则,是20世纪的重大发现之一。

在物理学上,宇称是内禀宇称的简称。通俗地说,宇称就是粒子照镜子时镜子里的影像。以前人们根据物理界公认的对称性认为,宇称一定是守恒的。然而,1956年杨振宁、李政道提出在弱相互作用下宇称不守恒定律,并通过原子核 β 蜕变的实验证实,在弱相互作用过程中宇称守恒定律不成立。此后,在宇称不守恒基础上,许多物理学家通过多种实验,相继有了重大发现。

哥白尼(1473—1543),波兰天文学家、日心说创立者,近代天文学的奠基人。创立日心说,否定了在西方统治达一千多年的地心说。日心说是天文学上一次伟大的革命,不仅引起了人类宇宙观的重大革新,而且从根本上动摇了欧洲中世纪宗教神学的理论支柱。

《时间简史》揭示的宇宙起源

在经典物理的框架里，霍金证明了黑洞和大爆炸奇点的不可避免性，黑洞越变越大。但在量子物理的框架里，黑洞因辐射而越变越小，大爆炸的奇点不但被量子效应所抹平，而且整个宇宙正是起始于此。

有这么一个流传甚广的故事：在一架飞机上，一个美国商人津津有味地读着霍金的《时间简史》。邻座一个老者有些惊讶地说："你能看懂这本书吗？我就没有看懂。""这么有趣的书还看不懂？"商人大叫起来。于是给这位老者热情讲解。最后，当他想起来问一下这位听讲者的职业时，老者谦恭地回答："我是苏联科学院院士。"这本《时间简史》，是史蒂芬·霍金的作品。书中，他以最简单通俗的语言，娓娓道来，其想象丰富、构思奇特，展现了探索时间本质和宇宙最尖端的知识，是对于宇宙起源和生命基本理念的通俗性概论。这本书，也被当作了对爱因斯坦相对论的最好注解。

史蒂芬·霍金，被称为在世的最伟大的科学家，当今的爱因斯坦。每一个初次看到他的人都会惊讶。他们看到的，是一位骨瘦如柴的人斜躺在电动轮椅上。他要用很大的力气才能抬起头来，他不能写字，看书必须依赖一种翻书页的机器，读文献时必须让人将每一页摊平在一张大办公桌上，然后他驱动轮椅如蚕吃桑叶般逐页阅读，20多年前他就失去了语言能力，只能靠机器发声。尽管如此，他还是获得了全世界的尊重。

有一次,40岁的霍金在轮椅上参加了一个宇宙学大会,这次会议是教皇科学院主办的,地点就在梵蒂冈。当然,教皇科学院向来与传统科学界观点不同,特别是关于宇宙的问题,双方存在较大分歧。

霍金的主要科学成就,就在于宇宙论方面,他的演讲与宗教观念的"宇宙观"自然有不一致的地方。然而,在这次会议中,霍金得到了不同寻常的礼遇,使得每位与会者都大感惊讶。

这天,不常露面的教皇出面接见各国客人。他坐在平台上高高的椅子里,表情严肃,巍然不动。根据规定,客人们必须从平台的一边走过去,跪倒在教皇面前,轻声与他交谈几句,然后从平台的另一侧离开。客人们一个个过去了,轮到霍金时,他驾驶着轮椅上了平台。这时,只见尊贵的教皇做出了出人意料的举动,他离开座位,跪下来,与霍金面对面注视着。两人处在同一水平线上开始交谈。他们谈论的时间超过刚才教皇与所有客人交谈的时间。后来,教皇站起来,轻轻掸一掸长袍上的灰尘,微微笑着与霍金告别,目送他坐在轮椅上缓缓离去。这个过程惊动了在场的每一个人,他们知道,就在几天前,霍金还在会上谈论过"无边宇宙论",也提出过无需造物主创造宇宙,这与基督教的理论完全相反。对教徒来说,教皇则是上帝在地球的代表,是上帝创造了一切。要在以前,恐怕霍金早就受到教会的指责和惩罚了,而今天,教皇破天荒跪在这样一位科学家面前,折服他的,恐怕正是霍金伟大的科学理论了。

霍金和教皇不同寻常的交谈,可以看作是古今宇宙论的对话。宇宙论是一门既古老又年轻的学科。在古代,世界各地的人们提出过各种各样关于宇宙来源的学说，像中国的盘古开天、西方的上帝创世等等。

自从哈勃发现星系光谱的红移现象，推断出越远的星系以越快的速度离我们而去，整个宇宙处于膨胀的状态之后，科学界对于宇宙起源有了崭新的认识。科学家们认为，估计在100亿到200亿年前，宇宙从一个极其紧致、极热的状态中大爆炸而产生。1948年，伽莫夫预言说早期大爆炸的辐射仍残存在我们周围，不过由于宇宙膨胀引起的红移，其绝对温度只余下几度左右，在这种温度下，辐射是处于微波的波段。这个预言，通过1965年彭齐亚斯和威尔逊观测到宇宙微波背景辐射得以证实。

以往，人们认为空间、时间是有边界的，这样，就必须承认一点，宇宙需要第一推动力。此后，霍金等科学家透过不断努力，在经典物理的框架里，证明了空间、时间一定存在奇点。奇点是空间、时间的边缘或边界。奇点否定了空间、时间有边界的说法，从而解决了第一推动力的问题。

量子宇宙论使宇宙论成为一门成熟的科学，它是一个自足的理论，即在原则上，单凭科学定律我们便可以将宇宙中的一切都预言出来。

麦哲伦(1480—1521)，葡萄牙著名航海家和探险家，完成第一次环球航行。被认为是第一个环球航行的人。

病床上发现的大陆漂移说

大陆漂移说是解释地壳运动和海陆分布、演变的一种假说。大陆彼此间以及相对于大洋盆地间的大规模水平运动，称大陆漂移。

公元 2 世纪，地图学家托勒密绘出了第一张世界轮廓图，公元 16 世纪初，麦哲伦的环球航行验证了这张世界轮廓图。在这数百年的时间里，有无数人都认真地看过这张世界轮廓图，然而，却没有任何一个人看出来，这地图上藏着一个极大的秘密。

秘密终究会被揭开的。1880 年，一个叫魏格纳的男孩出生于德国。这位活泼好动的小男孩从小就喜欢幻想和冒险，这个梦想一直伴随着他长大，于是，他决定攻读气象学，为将来探险做准备。1905 年，刚刚 25 岁的他就获得了气象学博士学位。1906 年，他终于实现了少年时代的远大理想，加入了著名的丹麦探险队，来到了格陵兰岛，从事气象和冰川调查。

1910 年的一天，年轻的魏格纳因病住进了医院。病房虽然安逸舒适，可魏格纳是闲不下来的，他百无聊赖，不知该如何打发这日子。有一天，他实在是太无聊了，便开始对着墙上的世界地图画各个大陆的海岸线。他画完了南美洲，又画非洲；画完了大洋洲，又画南极洲。忽然间，他的手指停了下来，手指停在了地图上南美洲巴西的一块突出部分，眼睛却盯住非洲西岸呈直角凹进的几内亚湾。"奇怪！大西洋两岸大陆轮廓的凹凸，为什么竟如此吻合？"他的脑海里再也平静不下来：非洲大陆和南美洲大陆以前会不会是连在一起的，也就是说，它们之间原来并没有大西洋，只是后来因为受到某种力的作用才破裂分离的。那么，大陆会不会是漂移的呢？

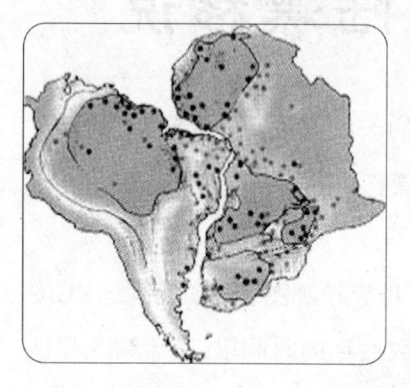

病床上的魏格纳兴奋了，他开始投入到紧张的研究当中。他收集了包括海岸线的形状、地层、构造、岩相、古生物等多方面的数据，从古生物化石、地层构造等方面找到了一些大西洋两岸相同或相吻合的证据。他发现非洲的古山脉与南美南部有着同类的化石，还发现有一种蜗牛仅生存于欧洲的西部和北美的东部。对此，魏格纳作了一个简单的比喻：这就好比一张被撕破的报纸，不仅能把它拼合起来，而且拼合后的印刷文字和行列也恰好吻合。

1912年，魏格纳正式提出了"大陆漂移假说"，1915年，他的著作《大陆和海洋的起源》正式出版。然而在当时，他的假说被认为是荒谬不经的幻想。因为在这以前，人们一直认为七大洲、四大洋是固定不变的。

为了进一步寻找大陆漂移的证据，1930年4月，魏格纳率领一支探险队，迎着北极的暴风雪，第4次登上格陵兰岛进行考察，在零下65℃的酷寒下，大多数人失去了勇气，只有他和另外两个追随者继续前进，终于胜利地到达了中部的爱斯密特基地。11月1日，他在庆祝自己50岁的生日后冒险返回西海岸基地。在白茫茫的冰天雪地里，他失去了踪迹。直至第二年4月才发现他的尸体，他冻得像石头一样，已经与冰河浑然一体了。而他的大陆漂移学说，也被人们抛诸脑后了。

1963年，身为驱逐舰舰长的美国地质学家赫斯收集了大量海洋地质资料后，发表了关于"海底扩张理论"的报告。这一报告被英国剑桥大学的瓦因和马修斯从事的古地磁磁场研究所证实，同时也被当时世界各大洋深海钻探计划取得的大洋底岩芯样品所证实。从此，魏格纳的大陆漂移学说理论得以平反，重回人们的视线。

魏格纳提出的大陆漂移假说认为，侏罗纪以前地球上只存在一个统一的大陆，称为泛大陆，也称联合古陆，环绕泛大陆有一个统一的泛大洋。从侏罗纪开始，泛大陆分裂并相互漂移，逐渐到达目前的位置。

大陆漂移指的是大陆彼此间以及相对于大洋盆地间的大规模水平运动，这种思想萌发已久，但直到1912年，魏格纳才根据地质、古生物和古气候方面的证据，正式系统地提出来。

魏格纳提出大陆漂移假说之初，并没有得到科学家们的认可。但是，20世纪50年代中期，新出现的古地磁证据有力地支持了大陆漂移说。到了60年代，海底扩张说和板块构造说相继提出，许多地质学者开始接受大陆漂移思想。

大陆漂移假说的提出促进了地质科学的发展，否定了过去认为大陆形成于原地，从未移动过的虚假事实。另外，大陆漂移假说为海底扩张、板块构造说的兴起奠定了基础，为人类全面正确地认识地球打开了崭新的通道。

门德尔(1822—1884)，奥地利科学家，是现代遗传学之父，是这一门重要生物学科的奠基人。1865年发现遗传定律。

逆境中的微分不等式

微积分是研究函数的微分、积分以及有关概念和应用的数学分支。它建立在实数、函数和极限的基础上，是微分学和积分学的总称。

在科学史上，伟大的女性数学家并不多见，这恐怕与长期以来的社会偏见有关。然而，有些伟大的光芒，是很难被掩盖的，有一位出色的女数学家，仍然在长期的偏见压迫下，取得了骄人的成就。这位女数学家名叫爱米·诺德，她于 1882 年出生在犹太籍数学教授家庭，从小就喜欢数学。21 岁时，她考进哥廷根大学，得到克莱因、希尔伯特、闵可夫斯基等数学家的教导，与数学结下了不解之缘，25 岁便成了世界上屈指可数的女数学博士。

诺德发表了很多论文，在微分不等式、环和理想子群等的研究方面做出了杰出的贡献，并留在哥廷根大学任教。按照她的成就，完全可以评上教授，甚至与世界大数学家并肩齐驱。然而，当时妇女地位低下，她连讲师都评不上！她的遭遇引起很多数学家关注，大数学家希尔伯特更是出面支持她，聘任她为自己的"私人讲师"，并透过这个管道让她成为哥廷根大学的第一名女讲师。随着诺德的科研成果越来越显著，希尔伯特又推荐她取得了"编外副教授"的资格。这是一个特殊的职称，但是，诺德的实力明显强于很多真正的教授。诺德将精力集中在科研和教学上，终生未婚，她善于启发学生思考，把他们看作自己的孩子，与学生交往密切，和蔼可亲，因此，人们亲切地把她周围的学生称为"诺德的孩子们"。就是这样一位优秀的科学家，在 1933 年，又遇到了人生的一大不幸。

这年 1 月,希特勒一上台,就发布第一号法令,把犹太人比作"恶魔",叫嚣着要粉碎"恶魔的权利"。不久,他下令哥廷根大学辞退所有从事教育工作的纯犹太血统的人,诺德自然在被驱逐之列。她已经 51 岁了,被迫停止讲课,就连微薄的薪金也被取消,生活得不到保障。她只好离开哥廷根大学,去美国工作。在美国,诺德同样从事大学教育,受到学生们的尊敬和爱戴,同样有她的"孩子们"。一年后,美国设立了以诺德命名的博士后奖学金。然而,在美国工作不到两年,诺德便死于外科手术,终年 53 岁。诺德去世后,许多数学界人士表示了无限悲痛之情,爱因斯坦还在《纽约时报》发表悼文说:"根据现在的权威数学家们的判断,诺德女士是自妇女受高等教育以来最重要的富于创造性数学天才。"自她之后,随着女性解放运动的兴起,女数学家也越来越多,受到的待遇也逐步提高。而诺德也以其出色的数学成就,被尊称为"代数学之母"。

这则故事讲到了数学领域的一个重要学科——微积分学。微积分学是微分学和积分学的总称,主要包括极限理论、导数、微分等,积分学的主要内容包括定积分、不定积分等。

微积分学建立在实数、函数和极限的基础上,它的基本方法就是研究函数,也就是从量的方面研究事物的运动变化,这种方法叫做数学分析。从广义上说,数学分析包括微积分、函数论等许多分支学科,但是现在一般已习惯于把数学分析和微积分等同起来,数学分析成了微积分的同义词,一提数学分析就知道是指微积分。

斯蒂芬森(1789—1848),英国工程师,铁路机车的发明家。1825 年 9 月 27 日,由他设计的第一列机车运载了 450 名旅客,以 24 公里/小时的速度从达灵顿驶到斯托克时,铁路运输事业就从此诞生了。

无人能懂的化学平衡

根据吉布斯自由能判据，当 $\Delta rGm=0$ 时，反应达最大限度，处于平衡状态。化学平衡的建立是以可逆反应为前提的。

　　吉布斯是美国化学家，他在热力学领域做出了杰出贡献，提出化学平衡理论，但是，在当时当地，他的成就没有引起人们注意，甚至连应得的薪酬都没有，这究竟是怎么回事呢？

　　原来，虽然吉布斯好学不倦，知识渊博，著作颇丰，但他的理论文章十分难懂，而且他不善言谈，这成为他不被人理解的重要原因。有位科学家曾经这样说："我们拜读吉布斯的文章，完全出于对他提出理论的着迷，却根本看不懂文章的内容。"1874年6月，吉布斯发表了他最著名的著作《以热力学的原理决定化学平衡》，全世界只有他的朋友马克斯韦尔给了他回应。这是近代科学史上打破了物理与化学的学术藩篱的、极其重要的一篇研究报告，当时竟然没有人能看懂。难怪马克斯韦尔死后，康乃狄克科学会曾说道："全世界看得懂吉布斯报告的只有一人，他名叫马克斯韦尔，而他走了。"直到1880年，才有一个荷兰科学家响应他的研究。不仅如此，他的学生也经常不明白他讲述的内容。他的学生曾回忆他的讲课说："当吉布斯教授在黑板上写第一道式子时，我们都懂；当他写第二道式子时，有些人勉强可以跟上；当他写下第三道式子时，全班几乎都不懂他在说什么了。"不过，这并不妨碍吉布斯成为一个好老师，他会为学生们组织"物理数学社"，为他们设计数学谜语，带他们爬山，一边爬山一边讨论问题。

就在吉布斯像独行侠一样艰难探索的时候，一位英国理论家读到了他的论文，看出了其中的意义，并把他的文章介绍到了欧洲。这一下，吉布斯在欧洲大获声誉，影响很大。有一次，一位女记者打算为他写传记，因此专门去采访他。当女记者读了他写的一段关于冰、液态水和水蒸汽相平衡的论述时，不仅感慨地写道："这里，吉布斯又一次只给出干巴巴的概念，而把本来可用以消除他与听众之间隔阂的步骤置之不顾。理论家补充了他本人带有结论性的看法，这必定比任何其它礼物更能打动吉布斯并使他感到高兴的了。"理论家对他文章的解释成为吉布斯与读者沟通的桥梁，这也许是科学界的特殊案例吧。

正因如此，吉布斯在耶鲁大学工作的头 10 年里，竟然没有得到任何薪俸。1920 年，吉布斯首次被提名进入纽约大学的美国名人馆，可是，当时的 100 张选票中他只得了 9 票！这一切都因为他那干瘪晦涩的写作。对于这一切，吉布斯从来没有介意过，他说："怎么衡量一个杰出的科学家呢？不在他所发表的篇数、页数，更不在他的著作所占图书馆架上的空间，而在他对人类思考的影响力。因此科学家的真正成就不在科学上，而在历史上。"

化学平衡状态是指在一定条件下的可逆反应，正反应和逆反应的速率相等，反应混合物中各组分的浓度保持不变的状态。可逆反应指的是在同一条件下既能正向进行又能逆向进行的化学反应。一般来说，反应开始时，反应物浓度较大，产物浓度较小，这时正反应速率大于逆反应速率。随着反应的进行，反应物浓度不断减小，产物浓度不断增大，正反应速率逐渐减小，逆反应速率反而增大。渐渐地，正、逆反应的速率会达到一个相等的时刻，此时，反应系统中各物质的浓度不再发生变化，就达到了平衡状态。

第四章

尖端学科

人工智能之父

人工智能就是研究、开发用于模拟、延伸和扩展人的智能的理论、方法、技术及应用系统的一门新的技术科学。

1912年6月23日,一个叫图灵的小男孩生于英国伦敦。有一个获得了剑桥大学数学荣誉学位的祖父的他,很小的时候就展现出了非凡的才华。8岁那年,他就开始尝试写作一部科学著作——《关于一种显微镜》,在这本书的开头和结尾,他都用了同一句话"首先你必须知道光是直的"。尽管在这部作品中他犯了很多拼写上的错误,但他天才的能力已经渐渐地展现出来了。

和很多天才一样,图灵也有着许多的怪癖。他不喜欢玩足球,而只愿意在场边计算球飞出去的角度。他对花粉过敏,所以在每天骑自行车上班的路上他干脆戴上防毒面具。他的自行车经常掉链子,可是他不愿意去车行修理,而是算出掉链子的固定圈数,在链条滑下之前就停车。他各种奇怪的行为成为了剑桥大学里最独特的风景,却也成为了天才的最好注解。

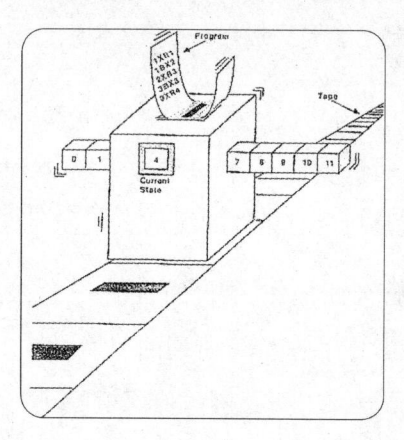

1936年,图灵向伦敦权威的《数学杂志》投了一篇论文,题为《论数字计算在决断难题中的应用》。在这篇开创性的论文中,图灵给"可计算性"下了一个严格的数学定义,并提出了

著名的"图灵机"的设想。这是一种运算能力极强的计算机装置,用来计算所有能想象得到的可计算函数。这一设想后来被称为"阐明现代计算机原理的开山之作",奠定了整个现代计算机的理论基础。

二战爆发后,图灵被派往布雷契莱庄园工作,这里是英国的情报破译基地,有1万多名志愿者在这里工作,破译德国的军事密码情报。当时,德国有一个名为"Enigma"(谜)的通信密码机,可以用26个字母替代8万亿个谜文字母,破译人员都束手无策。后来,他们获得了一部真正的"Enigma",图灵很快便凭借它设计出了一种破译机,至此,被破译了的德国情报一件件落入英国手中,德国飞机一一被击落。

战争结束后,图灵开始转入计算机的研究。1950年10月,在曼彻斯特大学任教的图灵,发表了《机器能思考吗?》一文,第一次提出了"机器思维"的概念,以及"图灵测试",即一个人在不接触对方的情况下,通过一种特殊的方式,和对方进行一系列的问答,如果在相当长时间内,他无法根据这些问题判断对方是人还是计算机,那么,就可以认为这个计算器具有同人相当的智力,即这台计算机是能思维的。他的这一想法,不仅是计算机史上的划时代之作,也为他赢得了"人工智能之父"的称号。

1952年初,一个经常出入他家的男性伴侣阿诺德·默里,带人偷窃了他家。图灵自然而然地报了警,然而随之而来的,便是他和这个男友的关系被揭开了。图灵坦率地承认了自己同性恋的身份,可是在当时的英国,同性恋是一种为人所不齿的刑事罪。法庭给了他两个选择,坐牢,或是接受有条件的缓刑。

为了继续自己的科学研究,图灵选择了后者。因此,这位伟大的科学家,这位不世出的天才,竟然要在家里接受长期的雌激素注射,来治疗所谓的"性欲倒错"。长期的雌激素注射让他的乳房像女人一样发育起来,英国政府又解除了他密码事务顾问的职务。打击接踵而至,图灵的身体越来越差,脾气也开始变得暴躁,他原本辉煌的生命忽然变得灰暗消沉。

1954年6月8日,图灵被发现静静地死在了他的床上,他的身边是一个咬了一口的苹果——涂有氰化钾的苹果。

据说,那个世界上最著名的被咬了一口的苹果商标,正是为了纪念这位伟大的人工智能领域的先驱的。

人工智能是计算机科学的一个分支,它是研究、开发用于模拟、延伸和扩展人的智能的理论、方法、技术及应用系统的一门新的技术科学。它企图了解智慧的实质,并生产出一种新的能以人类智慧相似的方式作出反应的智能机器。

简单地说,人工智能研究的一个主要目标是使机器能够胜任一些通常需要人类智慧才能完成的复杂工作。该领域的研究包括机器人、语言识别、图像识别、自然语言处理和专家系统等。随着时代的进步和科技的发展,人工智能所跨越的范围越来越广泛,涉及了信息论、控制论、自动化、仿生学、生物学、心理学、数理逻辑、语言学、医学和哲学等多门学科。

图灵(1912—1954),英国数学家、逻辑学家,他被视为人工智能之父。计算机逻辑的奠基人,提出著名的"图灵测试"。

"鳄鱼"导师引领的原子能科学

铀核裂变以后产生碎片,但所有这些碎片质量加起来少于裂变以前的铀核,少掉的质量就转变成了原子能。在核反应过程中,原子核结构发生变化释放出的能量,又称核能。

欧内斯特·卢瑟福是英国物理学家。1871年8月30日生于新西兰,因研究放射性物质及对原子科学的贡献,获1908年诺贝尔化学奖。

卢瑟福家境贫寒,依靠个人刻苦努力赢得了奖学金才得以完成学业。艰苦的求学经历培养了卢瑟福坚韧不拔的毅力,这影响了他以后的人生和事业。在探索原子的试验中,他付出很多心血,几经失败也毫不退缩。他顽强的精神感染了同事和学生们,为此,大伙给他起了个外号——鳄鱼。在英国,鳄鱼象征着勇往直前、不怕困难的精神。

对于这个外号,卢瑟福十分欣然地表示认可。当通过一系列的实验,证明了铀、钍或镭原子可以分裂时,他自豪地说:"原子永恒不变的学说在1902年遭到了毁灭性的打击。"在他获得诺贝尔奖时,他的学生就把一个鳄鱼徽章装饰在他的实验室门口,向他表示祝贺。当卢瑟福领完奖回到实验室,看到鳄鱼徽章时,先是一愣,继而高兴地说:"谢谢你们如此夸奖我。"说完,他就走进实验室与同事们一起工作,继续各种试验。

由于在原子能方面的杰出贡献,卢瑟福被称作"原子能之父"。他不仅个人取得了成功,还培养了很多科学家。在他的助手和学生中,先后荣获诺贝尔奖的竟多达 12 人。1921 年,卢瑟福的助手索迪获诺贝尔化学奖;1922 年,卢瑟福的学生阿斯顿获诺贝尔化学奖;1922 年,卢瑟福的学生玻尔获诺贝尔物理奖;1927 年,卢瑟福的助手威尔逊获诺贝尔物理奖;1935 年,卢瑟福的学生查德威克获诺贝尔物理奖;1948 年,卢瑟福的助手布雷赫特获诺贝尔物理奖;1951 年,卢瑟福的学生科克拉夫特和瓦耳顿,共同获得诺贝尔物理奖;1978 年,卢瑟福的学生卡皮茨获诺贝尔物理奖。有人曾经惊叹地说,如果世界上设立培养人才的诺贝尔奖金的话,那么卢瑟福是第一号候选人!

其中,1912 年度诺贝尔物理学奖的获得者玻尔更是与他有着非同一般的关系,他曾深情地称卢瑟福是"我的第二个父亲"。在卢瑟福影响和指导下,玻尔创立了量子力学,引发了 20 世纪物理学的一场革命。他们两人之间发生了很多感人的故事。

有一天深夜,卢瑟福考虑原子能不能分裂的问题,睡不着觉,就出来走走。这时,他看到实验室居然亮着灯,就推门走进去,看见玻尔在那里,便问道:"这么晚了,你还在干什么?"玻尔回答说:"我在做试验。"玻尔满心以为老师肯定会夸奖自己用功,哪里想到当卢瑟福得知他从早到晚都在工作时,很不满意地反问:"那你什么时侯思考问题呢?"

玻尔听罢,很受启发,从此,他改变了工作方式,思考问题的时间大大增加。这促进了他认识问题和解决问题的能力,为他日后对原子的研究打下基础。

几千年来,人们一直认为原子是构成物质的最小粒子,是不可分割的。在希腊文中,原子正是"不可分"的意思。近代物理学的发展以及原子物理学的建立,都是在此基础上的。

然而，到了20世纪初，这个传统观念被推翻了。卢瑟福的研究证实，原子是可以分裂的。从此以后，原子物理学揭开了神秘的面纱。科学家们纷纷投入到研究原子内部神秘世界的工作中，他们发现原子核分裂能够产生巨大能量，这就是原子能，也叫核能。原子能的研究促进了一门新兴学科的诞生——原子能学。

20世纪30年代，科学家发现铀核裂变以后产生碎片，但所有这些碎片质量加起来少于裂变以前的铀核，那么，少掉的质量到哪里去了？他们认为少掉的质量转变成了一种能量。为此，他们还提出一个假设：用中子轰击铀原子核，一个入射中子能使一个铀核分裂成两块具有中等质量数的碎片，同时释放大量能量和两三个中子。

原子核可以发生两种变化反应产生能量，一是裂变，一是聚变。通常所说的核裂变，主要指铀235核分裂。一个铀235核分裂释放的核裂变能为2亿电子伏特。这是原子核结构发生变化的一种方式，叫裂变反应。另外一种方式叫聚变反应。如一个氘核和一个氚核聚合成一个氦核释放出的核聚变能为1760万电子伏特。

原子能自从发现以来，得到了广泛的应用。人们用它来进行核能发电，制造核动力军舰、商船。还可以生产工、农、医和国防上所需要的各种放射性同位素，也可以用它来进行各种科学研究。

卢瑟福（1871—1937），英国物理学家。提出放射性衰变理论，对放射性衰变系的建立起了主要作用。研究元素衰变和放射化学方面的重要贡献，获得了1908年诺贝尔化学奖。

竺可桢管天的气象学

气象学是研究大气中物理现象和物理过程及其变化规律的科学。

竺可桢是中国著名的科学家,他几经奋斗和努力,创建和发展了中国的气象事业,带动了气象学的进步。

1917年,竺可桢到哈佛大学读书,从此,他开始记日记,记录气象研究的各种资料。学成回国后,他看到中国没有自己的气象站,气象预报和数据竟由各列强控制,便著文疾呼:"夫制气象图,乃一国政府之事,而劳外国教会之代谋亦大可耻也。"在他呼吁下,国民政府开始委派他建立气象站,发展气象学。经过不懈努力,在抗战爆发前的十余年间,竺可桢在全国各地建立了40多个气象站和100多个雨量观测站,初步奠定了中国自己的气象观测网。1937年,竺可桢代表中国去香港出席远东气象会议。会议上,他发表演说,陈述中国气象状况,引起各国同仁关注。会议快要结束时,港督设晚宴邀请各国代表。就在这次宴会上,发生了一次意外事件。

原来,竺可桢回国前,中国气象依赖英国人,他回来后,逐渐改变了英国人垄断中国气象的现状,又替换了过去的英制记录标准,导致了英国人的不满。现在,作为英国政府派遣驻香港的最高长官,港督自然对竺可桢表示了不满情绪。所以,安排晚宴时,他竟然故意把中国代表排在末尾,大有侮辱之意。竺可桢见此情景,一怒之下,带着另外两名中国代表愤然离席,以示抗议。

这件事过后，竺可桢更加认识到发展自己国家气象的重要性。抗战期间，条件极其艰苦，竺可桢所在浙大几次搬迁。可是不管到哪里，竺可桢随身总带着四件宝：照相机、高度表、气温表和罗盘，随时不忘收集资料、开展科研。后来，他开始投入很大精力关注中国的农业生产，想方设法利用气象学知识增加粮食产量。1964年，竺可桢写了一篇重要论文《论中国气候的特点及其与粮食生产的关系》，分析了光、温度、降雨对粮食的影响，提出了发展农业生产的许多设想。当时，农业生产氛围浓厚，毛泽东十分看重这篇文章，还专门请竺可桢到中南海，进行了一番长谈。毛泽东对竺可桢说："你的文章写得好啊！我们有个农业八字宪法（土、肥、水、种、密、保、工、管），可是只能管地。你的文章介绍了气象方面的知识，这是管天，弥补了八字宪法的不足啊。"竺可桢以极其认真的口吻回答："天有不测风云，不大好管哪！"毛泽东听了，幽默地说："你我两个人分工合作，你管天，我管地，就把天地都管起来！"竺可桢微微一笑，他清楚，科研工作不比当官管事，既需要努力奋斗，更注重勤勤恳恳做事，丝毫马虎不得。他在71岁高龄时，还参加了南水北调考察队，登上海拔4 000多米的阿坝高原，下到险峻的雅砻江峡谷亲身调查。他严谨的学风，深受广大学者推崇。

几千年前，人们就已经开始记载大气现象。随着科学技术的发展，人类发明了各种气象观测仪器，逐步完善了各种探测手段，并且运用各种高新科技比如通信装备和计算工具来等扩大、加深对大气现象的探索，于是，气象学的发展日臻完善。

气象学是一门和人类的生产、生活密切相关的科学，意义重大。其研究领域广，研究方法的差异也很大。气象学分成许多分支学科：大气物理学、天气学、动力气象学、气候学等，随着社会的发展，又出现了出现海洋气象学、航空气象学、农业气象学、森林气象学、污染气象学等应用学科。

卡门的航空航天学

航空指飞行器在地球大气层内的航行活动，航天指飞行器在大气层外宇宙空间的航行活动。

1926年的一个深夜，冯·卡门和他的学生弗兰克正在紧张地运算着从曲线推导出数学方程。忽然，他们想起他们必须赶到亚琛，而这个时候，他们必须赶紧去车站，才能赶上最后一班车，于是两人急匆匆朝伐尔斯车站赶去。

到了车站，弗兰克忙着跑前跑后，买票、候车，而冯·卡门还沉浸在他自己的世界里，思索着他那组迷人的数学方程。忽然间，他从梦幻中醒来，一种所谓紊流结构数学公式在他脑海中奇迹般出现。他大喜过望，再也无法抑制住自己激动的情绪，掏出一支笔便在身边的电车车厢上写了起来。售票员起初还等着他们，可是冯·卡门的公式越写越长，似乎没个尽头，她终于受不了了，催促着两人赶快上车。沉醉在快速演算中的冯·卡门哪里肯停下来，他一边发疯似地继续推导方程，一面大声喊着："请再等一会儿！"

可是，售票员实在等不及了，她将他们推上车，司机迅速发动了电车。这下可苦了弗兰克了，每到一站，他便迅速地跳下车，将老师写在车厢上的公式抄下来。这样慢慢地抄，一直到了亚琛，整个的公式才算抄完。

这个公式，后来成为了冯·卡门题为"紊流的力学相似原理"的论文。他当年发现的这一紊流对数定律，已经成为各种飞行器阻力的计算工具，在喷气式飞机、火箭设计上得到了应用。

1963年，鉴于冯·卡门在航空学上的伟大成就，美国白宫决定授予冯·卡门国家科学奖章。

2月的一天，盛大的授奖仪式在白宫举行。这天，82岁高龄的卡门身穿西装，在家人陪同下赶往白宫，接受奖项。一路上，他回顾自己的科学历程，不住地说："时间太短暂了，我还没有做出什么，就苍老得不能工作了。要是我今年28岁，那该多好，我会为航空事业再努力几十年。"

听他这么说，随行的一位亲戚钦佩地说："您就要去接受国家奖章了，怎么能说没做什么呢。您已经为航空事业奋斗一生，值了。"

卡门患有严重的关节炎，当他来到白宫门外时，不得不在他人的搀扶下走进去。他执意挑选了一个不起眼的位置坐下，这时，许多记者来到现场，他们环顾会场，寻找卡门的身影，却没有发现他。偏巧，一个记者坐在卡门身边，他不认识这就是卡门，看他年纪大了，身体虚弱，还来参加颁奖仪式，以为他是卡门的崇拜者，就采访他说："你觉得卡门应该受到这么隆重的奖励吗？"

"不应该，"卡门干脆地回答，"他应该坐在实验室做实验。"

记者大吃一惊，连忙停止了采访。

不一会儿，颁奖仪式开始了，总统肯尼迪来到现场，准备亲自颁发证书。

当宣布让卡门上台领奖时，他气喘吁吁登上领奖台，刚刚采访他的记者顿时惊呆了：他没有想到，那个不起眼的老头子就是卡门。

再看卡门，走到领奖台最后一级台阶时，踉跄了一下，差点摔倒在地。肯尼迪总统忙跑过去扶住了他。

卡门站直身体，看着肯尼迪总统的眼睛说："谢谢总统先生，物体下跌时并不需要助推力，只有上升时才需要……"

卡门为之奋斗一生的航空学是进入 20 世纪以来，人类认识和改造自然进程中最活跃、最有影响的科学技术领域，也是人类文明高度发展的重要标志。

人类在征服大自然的漫长岁月中，早就产生了翱翔天空、遨游宇宙的愿望。在许多神话和传说中有人获得了飞行的本领，他们模仿鸟的飞行，实现了飞翔的梦想。古往今来，许多人都做过模仿鸟类的飞行实验，但无一不以失败告终。1783 年，蒙特哥菲尔兄弟发明了热气球，人类才真正开始接触蓝天。1852 年，人们试验了第一架滑翔机。这是人类步入重于空气飞行的第一步。1890 年，飞机出现了，到了 1908 年，飞机已经可以在空中飞行近三个小时。至此，人类在大气层中飞行的古老梦想终于真正成为现实。随后，经过许多杰出人物的艰苦努力，航空科学技术得到迅速发展，飞机性能不断提高。到了 20 世纪 50 年代中期，第一颗人造地球卫星发射成功，开创了人类航天的新纪元。

至此，航空学的范围不再局限于大气层内，而是扩展到整个宇宙。其中，在大气层内的飞行活动叫做航空，而在大气层外宇宙空间的飞行活动就叫航天。

库尔特·维特里希(1938—)，瑞士科学家。因"发明了利用核磁共振技术测定溶液中生物大分子三维结构的方法"和美国科学家约翰·芬恩、日本科学家田中耕一共同获得 2002 年诺贝尔化学奖。

杂交水稻之父的农业科学情结

农业科学是研究农业发展的自然规律和经济规律的科学。

在我国,大多数人都认为,袁隆平应该是诺贝尔和平奖当之无愧的获得者。公允地说,他的成就,确确实实为世界和平带来了极大的贡献。

提起袁隆平,人们立刻把他与杂交水稻联系到一起,确实,这位的"杂交水稻之父"创造了水稻史上的奇迹。当全世界都在惊呼,中国将成为世界的蝗虫的时候,正是他的研究,真正地击败了饥饿的威胁。目前,中国一半的稻田里播种着他培育的杂交水稻,每年收获的稻谷60%源自他培育的杂交水稻种子。而世界上也有20多个国家研究或引进了杂交水稻。

每当人们问起袁隆平成功的秘诀时,他的回答总是几个字:知识+汗水+灵感+机遇。

1953年,袁隆平是一所农校的普通教师,在教学的过程中,他热衷于育种研究,因此每年都到农田去选择良种。他非常用心地选择种子,经常到野外田地里精心观察,挑选优异的品种,然后带回种子播种,第二年,观察这些种子的发育生长情况,从中挑选具有稳定遗传优异性状的品种。这是科学家常用的一种方法,叫做系统选育法。

这样不断地培育良种,转眼间9年过去了。1962年的秋天,袁隆平像往年一样,又到田地里去挑选种子。当他来到田里时,一颗鹤立鸡群的稻谷吸引了他。这颗稻谷个头大,稻穗饱满结实,整齐一致,正是袁隆平想要的良种。因此,他毫不犹豫地采回了这颗稻谷,把它带回去,第二年,开始了辛苦的播种培育,满心希望它能结出更优异的种子来。

然而,事与愿违,这颗稻谷的种子发芽长大后,高的高,矮的矮,稻穗大小不一,根本不是良种的样子。袁隆平虽然非常失望,但却没有就此放弃,而是陷入深深的思索之中。他一个人来到田边,坐在田埂上苦思冥想,寻找失败的原因。

多少天以后,袁隆平在田埂上想到了问题的症结所在:第一年选择的稻谷是一颗天然杂交种,不是纯种,所以第二年长出来的稻谷在遗传性状上发生了分离,质量大不一样。想到这里,他突然又想到问题的另一面:既然去年那颗杂交水稻长得那么好,说明水稻有杂交的优势,为什么不能进行人工杂交,培育出优良的品种?这样的话,按照去年水稻的生长情况,水稻产量会大大提高。

这个想法让袁隆平十分激动,他立即投入到杂交水稻的试验中。经过不懈努力,他的试验成功了,培育出的稻谷种子大大提高了水稻的产量。经过推广,杂交水稻开始全面在各地播种,收获非常喜人。

面对成功,袁隆平非常谦虚,他还是不停地穿梭在农田之间,深入第一线去考察稻谷的生长情况,继续努力改良品种、提高产量。为了能够及时了解水稻的生长状况,他学会了骑摩托车、过马路、蹲小径、溜田埂,快捷迅速地在田地陇亩间奔忙。二十多年间,他竟然骑坏了八、九辆摩托车,可见他走过了多少道路,付出了多大心血。如今,已入古稀之年的袁隆平依然经常驾着摩托,往返在田埂之上观察水稻。

袁隆平从事的是作物育种学和栽培学。作物育种学和作物栽培学的作用在于提高作物的产量、质量和抗逆能力,甚至改变植株和植物器官的构型,使之适应栽培、包装和贮运等措施的需要。

作物育种学和栽培学属于农业学的范畴。农业的历史源远流长,与人类的关系最为密切,农业学的形成和发展也比较早。但是经过多年发展和变化,作为一门现代科学,农业学又具有明显的现代化特征。

农业学是研究农业发展的自然规律和经济规律的科学,它研究范围很广,门类繁多,涉及农业环境、作物和畜牧生产、农业工程和农业经济等多种科学,具有综合性特色。

当前,不论在微观或宏观领域里,农业科学都在继续向前发展,同时在不断细分的基础上,呈现走向综合的趋势。总之,农业学作为一门古老的学科,在现代科技和生活的影响下,正在展现出全新的活力和风貌,以满足人们生活和生产的各种需求。

克莱姆(1704—1752),瑞士数学家。首先定义了正则、非正则、超越曲线和无理曲线等概念,第一次正式引入坐标系的纵轴(Y 轴),依据曲线方程的阶数将曲线进行分类。

爱迪生孵小鸡的仿生学

仿生学是指模仿生物建造技术装置的科学，它研究生物体的结构、功能和工作原理，并将这些原理移植于工程技术之中。

爱迪生是发明大王，一生发明无数，创造了人类发明史上的奇迹。关于他小时候的故事，有一则曾经广为流传。

爱迪生小时候，特别爱问为什么，不管见到什么，都会问一问"这是什么呀？""那是为什么呀？""为什么会这样呀？""为什么会那样呀？"追问个不停。5岁那年，爱迪生发现家里的母鸡老待在窝里不出来，他觉得奇怪，就挥着小手去驱赶它。可是母鸡歪着脑袋，眨了眨眼睛，一动也不动。这件事让爱迪生深感好奇，他想：这是怎么回事呀？它为什么不动呢？它在干什么？喜欢探究的爱迪生伸手把母鸡抱起来，他一看，窝里有十几个鸡蛋。爱迪生吃惊地瞪大了眼睛，他连蹦带跳地跑去喊妈妈："妈妈，母鸡今天下了十几个蛋，这是怎么回事？"妈妈一听，噗哧笑出声来，她拉着爱迪生回到鸡窝前，告诉他说："母鸡不是下蛋，它在孵小鸡呢。""孵小鸡？"爱迪生眨眨大眼睛，望着妈妈的脸问："小鸡是怎么孵出来的？"妈妈想了想，耐心地对爱迪生说："母鸡用身体的温度暖热鸡蛋，就像人盖着被子一样。蛋暖和了，里面的小鸡就会慢慢长大，长出嘴巴、脚丫、羽毛，等它们长大了，就用尖尖的嘴巴啄破蛋壳，欢快地叫着从蛋壳里钻出来。"听着妈妈的讲述，爱迪生觉得太神奇了。他一转身，跑走不见了。妈妈以为他出去玩了，也就忙着做自己的事，不去管他。可是，一个上午过去了，妈妈始终不见爱迪生的影子，午饭时间到了，爱迪生还不回家。他到底干什么去了？妈妈不放心，出去寻找爱迪生。找来找去,竟然在邻居家的柴草堆里找到了他。他正学着母鸡的样子,蹲在一堆鸡蛋上孵小鸡呢!妈妈见此,只觉得好笑,拉着爱迪生的手说:"傻孩子,你是孵不出小鸡来的,快回家吃饭吧。"爱迪生不服气,蹲在那里说:"母鸡蹲在鸡蛋上面会孵出小鸡来,我蹲在鸡蛋上面,也一定能孵出小鸡来。"妈妈耐心地说:"还是先回去吃饭吧。"爱迪生也饿了,只好站起来跟随妈妈回家。一路上,他不停地问:"妈妈,母鸡能孵出小鸡来,我为什么孵不出来呢?"

爱迪生对母鸡孵蛋的探索其实只是人类探究大自然的一个场景,从远古以来,人们就从未停止过对大自然中种种现象的模仿。到了20世纪,人类更是把它发展成了一门新的学科,这就是仿生学。

仿生学就是指模仿生物建造技术装置的科学,它是在20世纪中期才出现的一门新的边缘科学。这门新学科的任务就是要研究生物系统的优异能力及产生的原理,并把它模式化,然后应用这些原理去设计和制造新的技术设备。

它的主要研究方法就是提出模型,进行模拟。首先对生物原型进行研究,根据生产实际提出的具体要求,得到一个生物模型;然而对之进行数学分析,把生物模型"翻译"成具有一定意义的数学模型;最后,根据数学模型制造出实物模型,并进行试验,以备生产需要。

从诞生、发展,到现在短短几十年的时间内,仿生学的研究成果已经非常可观。它的问世开辟了独特的技术发展道路,也就是向生物界索取蓝图的道路,它大大开阔了人们的眼界,显示了极强的生命力。

韦达(1540—1603),法国16世纪最有影响的数学家之一。第一个引进系统的代数符号,发现了方程根与系数之间的关系(韦达定理)。被尊称为"代数学之父"。

记不住生日记住了拓扑学

拓扑学的英文名是 Topology，直译是地志学，也就是和研究地形、地貌相类似的有关学科。

吴文俊是当代著名的数学家，他的科学贡献主要有两个：一个是拓扑学方面的奠基性工作，另一个是几何定理的机器证明。

1984年，"全美定理机器学术会议"在丹佛近郊的格里美大学城召开，与会者几乎全是国际数学自动推理领域的精英。会议上，一位叫周咸青的东方年轻人，提交了一篇"用吴方法证明几何定理"的论文，同时在现场用计算机演示，短短的十几分钟证明了几百条几何定理，整个会场为之哗然。

在很多人对所谓的"吴方法"摸不着头脑的时候，却有些老科学家想起来了。三四十年前，在巴黎有个叫吴文俊的中国人，对示性类平方运算及其流形给出了明确的表达式，这个表达式在国际上就称为"吴公式"。学术会后，吴文俊的奠基之作《几何定理机器证明的基本原理》又重新回到了人们的视野，享誉世界。

吴老不仅在科研上率先垂范，而且十分注意培养新生力量。迄今为止，吴老已经培养了近十位研究生，目前他在数学领域的开拓性工作正在由他的学生们成功地推进着。

"创新就是 FOLLOW ME（跟我学），而不是跟在别人后边。"这是吴文俊常挂在嘴边的一句话。他个人正是在不断创新之中,取得了不起的成就。

关于吴文俊,还有一段有趣的故事。有一次,有位客人前去拜访吴文俊,见面就说明来意:"听您夫人讲,今天是您的 60 大寿,特来祝贺!"吴文俊听了,并不当回事,淡淡地说了句"是吗?"然后埋头整理自己的资料。客人见此,心生疑惑,认为吴文俊年纪大了,也许记忆力衰退,忘记自己的生日了。于是,他不再提生日的事,而是与吴文俊谈论其它事情。当时,吴文俊正在研究机器证明几何定理的问题。他们讨论到这个问题时,客人指着不远处的一台机器问道:"这台机器就是您设计出来证明几何定理的吗?"吴文俊回答说是。接着客人又问:"什时候安装好的?"吴文俊不假思索地说:"去年 12 月 6 日。"客人略微一惊,他觉得吴文俊反应灵敏,日期记得很牢,不像是记忆力衰退的样子。他想了想继续问道:"您在研究用机器证明几何问题方面有哪些进展?""大的进展谈不上。今年 1 月 11 日以前,我为计算机编了三百多道'命令'的程序,完成了第一步准备工作。"教授继续清晰地回答。这下,客人不由十分吃惊,他脱口而出:"您自己的生日都记不住,为什么这几个日子却记得这么清楚?"

吴文俊听罢,方才明白客人追问的原因,爽朗地笑着说:"别看我研究数学,可我从来不记那些无意义的数字。生日,早一天,晚一天,有什么要紧的呢?我们家所有人的生日我都不记得。但是,有些数字意义重大,需要牢牢记住,而且也很容易记住。好比说 12 月 6 日,就很好记。12 月正好是年底,而 6 正好是 12 的一半。1 月 11 日呢,也不难记,1 月自然是年初,而 1 月 11 日,排成阿拉伯数字是 111,三个 1 连排一起,多么好记,"

听他如此豁达地说笑,客人由衷地钦佩道:"您不记得自己的生日,却如此热衷于数学研究,了不得啊。"

拓扑学和通常的平面几何或立体几何不同。后者研究的对象是点、线、面之间的位置关系以及它们的度量性质。而前者对于研究对象的长短、大小、面积、体积等度量性质和数量关系无关，它重点讨论的是拓扑等价的概念。

　　拓扑学在数学领域广为应用，发展很快。特别是黎曼创立黎曼几何以后，他把拓扑学概念作为分析函数论的基础，更加促进了拓扑学的进展。20世纪以来，集合论被引进了拓扑学，为拓扑学开拓了新的面貌。拓扑学的研究就变成了关于任意点集的对应的概念。拓扑学中一些需要精确化描述的问题都可以应用集合来论述。

哈雷（1656—1742），英国著名天文学家、数学家。著名的哈雷彗星的发现者。哈雷还发现了天狼星、南河三和大角这三颗星的自行，以及月球长期加速现象。

笨人创造的数学奇迹

数学是一门研究空间形式和数量关系的科学，是一门有着广泛应用的基础科学。它是各门科学，尤其是自然科学发展和进步的有力工具。

在科学史上，曾经出现过很多数学奇才。可是有人说，如果现代数学界也举行十项全能比赛的话，彭加勒会当之无愧地进入前三名中。因为他在算术、代数、几何和分析里的涉猎深度令人匪夷所思，而量子力学及天体物理学等领域他也没有放过。

彭加勒是法国人，1854年出生。他幼年时患过运动神经系统的毛病，视力以及书写能力都受到很大影响，所以，他上学后，无法看清黑板上的字，也不能跟上老师的速度记笔记。这对于一个学生来说，无疑是最大的学习障碍。然而，这些难题没有吓倒彭加勒，反而激起他刻苦求学的勇气，并最终带领他闯进了数学的世界。彭加勒天生具有过目不忘的"照相机式"的记忆力，他对事物记忆迅速、持久、准确。这一点弥补了他学业上的诸多不便，由于无法记笔记，他索性不记笔记，而是上课时集中注意力全神贯注地听讲、记忆、思考。因为长期采取这种方式学习，彭加勒养成了在脑子中完成复杂计算的能力，甚至连他的许多论文也是采用这种方式构思的。这种独特的学习方法，使得他在数学领域崭露头角。19岁时，他的数学才能已经远近闻名。

不久，彭加勒参加了高考，主考老师听说了他的数学才能后，特意给他出了两道难题。这些题目自然难不倒彭加勒，他不费吹灰之力就解决了。主考老师大吃一惊,对他刮目相看。然而,在接下来的几何考试中,彭加勒却因为作图能力太差,没有通过考试。是不是这位数学天才从此就要与大学无缘了呢?主考老师经过慎重考虑,认为彭加勒是难得一见的数学奇才,因此竭力推荐他。校方得知彭加勒的情况后,破格录取了他。后来,彭加勒又升入高一级的矿业学院,准备做一名工程师。可是数学的魅力深深吸引着他,他夜以继日地将精力投入到研究各种各样的数学问题上。24岁时,他完成了自己的第一篇关于微分方程的论文,并递交给法兰西科学院,这篇论文经专家评定为优秀论文。第二年,法兰西科学院授予了他数学博士学位。几年后,彭加勒当选为科学院院士,不断地发表论文、著作,成就卓著。他的一生当中,发表论文500篇,著作30多部,获得过法国、英国、俄国、瑞典、匈牙利等国家的奖赏,被聘为30多个国家的科学院院士。一位数学史权威评价彭加勒时曾说,他是"对于数学和它的应用具有全面知识的最后一个人"。

数学是研究空间形式和数量关系的科学,最初的数学概念就是"形"和"数"的概念。在人类早期,为了计数,不仅要有计数的对象,还要有一种独特的能力,要求在考察对象时能够撇开对象的其他特征,仅仅顾及到它的数目,这种能力,就是人类抽象思维的能力。

数学是一门应用广泛的基础科学。它是各门科学,尤其是自然科学发展和进步的有力工具。数学与其它自然科学不同的地方就在于数学概念的抽象深度和广度要高于其它科学。今天,对数学的研究十分深入,涉及很广,其中比较重要的就是数学的工具性以及数学作为思想体系的特征。

亚历山大·格拉汉姆·贝尔(1847—1942),英国发明家、企业家。他发明了世界上第一台可用的电话机,创建了贝尔电话公司。被誉为"电话之父"。

童鱼揭示的细胞遗传学

细胞遗传学是遗传学与细胞学相结合的一个遗传学分支学科。研究对象主要是真核生物，特别是包括人类在内的高等动植物。

1973年,70高龄的童第周已经是国内外著名的科学家,他在生物学领域取得了很大成就。然而,他没有停下奋斗的步伐,而是继续钻研细胞遗传学问题,并提出了一系列设想。为了能够成功地验证自己的理论,他打算进行一场艰难的试验。

童第周选择了春天进行试验,因为此时是金鱼和鲫鱼繁殖的季节。他在实验室里培育了很多金鱼和鲫鱼,时刻观察它们排卵的情况。这天,金鱼排卵了,童第周立即带领同事投入到紧张的试验之中。从早上6点开始,童第周就坐到了显微镜前,用比绣花针还细的玻璃注射针,把从鲫鱼的卵细胞中取出来的核酸,注射到金鱼的受精卵中。金鱼的卵还没有小米粒大,做这样的实验该有多难啊!但是童第周一丝不苟地做着这一切,从早晨一直工作到下午2点,为多个金鱼卵注射了鲫鱼的核酸。

8个小时没有休息,童第周已经腰酸腿疼、饥肠辘辘了,但他仍然坚持着实验,一批又一批地为金鱼卵注射着鲫鱼核酸。试验室里的同事们看不下去了,童老先生已经是70多岁的人啦。有人走上前心疼地说:"童老,休息一下吧。"

童第周头也没抬,边忙碌着边说:"应该记住,我们的事业需要的是手,而不是嘴!而且,你们不是和我一样忙吗?"同事们听了,无不流露出钦佩神色,大家的工作积极性更加高了。

不久之后,他们的试验获得了成功,那些注射过鲫鱼核酸的金鱼慢慢长大了。它们发生了奇妙的变化,在发育成长的320条金鱼幼苗中,有106条由双尾变成了单尾!要知道,金鱼是双尾的,鲫鱼是单尾的,这些发生变化的金鱼幼苗说明了一个问题:它们表现出鲫鱼的尾鳍形状。它们既有金鱼的形状,又有鲫鱼的形状,这就表明鲫鱼卵中的核酸对改变金鱼的遗传形状起着显著的作用。

试验证实了童第周的设想,在社会上引起巨大轰动。诗人赵朴初赋诗一首,称这种单尾金鱼为"童鱼",以盛赞童第周的科学贡献。然而,童第周没有就此止步,年迈的他开始采用亲缘关系更远一些的种类来作类似试验,也一一获得成功,从而在细胞遗传学领域开辟了崭新的天地。

细胞遗传学是遗传学中最早发展起来的学科,也是最基本的学科。细胞遗传学中所阐明的基本规律适用于包括分子遗传学在内的一切分支学科。

细胞遗传学主要的研究对象是真核生物,特别是包括人类在内的高等动植物细胞。早期时,它着重研究染色体的分离、重组、连锁、交换等基础内容,以及染色体变化引起的遗传学效应问题,同时,它还涉及到各种生殖方式,比如无融合生殖、单性生殖以及减数分裂驱动等方面的遗传学和细胞学基础。随着研究加深,细胞遗传学的内容进一步扩大,衍生出一些分支学科,这些学科主要包括体细胞遗传学、分子细胞遗传学、进化细胞遗传学、细胞器遗传学、医学细胞遗传学等等。

拉瓦锡(1743—1794),法国化学家。近代化学的奠基人之一,近代化学之父。他的氧化学说彻底地推翻了燃素说。

婚姻里的爱情心理学

爱情心理学是研究男女相爱中的心理现象及其发生发展规律的科学。即探讨男女在恋爱、婚姻中，爱情的获得及稳固的心理规律，包括恋爱心理和婚姻心理两部分。

巴斯德是法国著名微生物学家和化学家，一生成就卓著，深受世人尊重。然而，他在生活上却总是颠三倒四，不守常规，常常做出离奇之举动，因此被人们称为疯子。其中有一件事足以说明巴斯德配得上"疯子"的称谓。

巴斯德要结婚了，他的新娘名叫玛丽。这天，巴斯德家里宾客盈门，热闹异常。他的父母家人早早赶到举行婚礼的教堂，等候婚礼开始。新娘玛丽小姐在父母的陪同下也来到教堂。婚礼马上就可以开始了，牧师站起来，宣布仪式开始，这时，大家才注意到，新郎还没有到场，他们不由流露出奇怪的眼神：巴斯德到哪里去了？

巴斯德的家人立即开始四下寻找，可是找了半天，所有人都没有找到巴斯德，只好失望而归。玛丽小姐见找不到巴斯德，不知道出了什么事情，以为他嫌弃自己，不肯前来结婚，于是当场伤心地哭起来。喜庆的场面消失了，取而代之的是焦急、怨恨和无奈。

眼看婚礼无法举行了，大家都很着急，却又没有办法。情急之下，巴斯德的一位朋友说："去实验室看看吧，巴斯德也许在那里。"在他的提议下，几个人一起跑到实验室。果然,巴斯德正在埋头进行一项试验,似乎将婚礼的事忘得一干二净了。

朋友们上前问道:"喂,你怎么还在做试验,难道忘了今天是什么日子吗?"巴斯德抬起头,回答说:"先生,我怎么可能忘记!可是,我的试验不能中断,你看,它快要成功了。"说完,他继续进行试验,还不肯立刻回去举行婚礼。朋友们见此,摇摇头回去报信。

而巴斯德呢,一直坚持到试验结束,连衣服都没有换,就匆忙跑回教堂去。玛丽小姐听说了他迟到的原因,虽然感到伤心,但是想到巴斯德为科学献身的精神,不由由衷敬佩,所以原谅了自己的丈夫。

婚姻是人类的正常生活需求之一,科学家也不例外。人为什么要结婚呢?这不仅要从社会学里找答案,还要从爱情心理学中探求原因。

顾名思义,爱情心理学就是研究男女相爱中的心理现象及其发生发展规律的科学。它包括恋爱心理和婚姻心理两部分。具体研究的内容包括稳固爱情的心理规律、男女相爱的心理奥秘、求爱及择偶心理、初恋心理、爱情挫折心理及婚后各阶段爱情发展的心理特点等等。所以,它是一门应用心理学。

人类从童年时起,就开始认识和接触异性,对异性产生好感,这种异性的形象潜藏在潜意识里,成为偶像。到了青年期,随着性意识的发展,性文化的输入,从而产生了强烈的性欲。于是,爱情自然而然在两性之间萌生了。所以,正常的爱情是建立在性欲基础上的、男女双向交往过程中产生的高尚情感。它包括建立在性欲之上对异性具有倾慕、珍惜之情的情爱和由异性间的依恋感及理想、情操、个性追求等复杂因素混合升华而成的情爱。

武器专家的军事科学

军事科学是研究战争的本质和规律,并用于指导战争的准备与实施的科学。

在中国军事科学史上曾经发生过这样一个故事。

1960年,中国准备发射从苏联引进的P-2导弹。发射导弹,需要用合格的燃料推进剂。燃料就像是炸弹中的炸药一样,是导弹的食粮。没有合格的燃料,导弹就是造出来了,也只能是一个空壳儿,无法发射升空。所以,自此引进P-2导弹后,中国就按照苏方提供的图纸建成化工厂,生产燃料。可是,当中方生产的燃料运到发射基地时,苏联专家却说:"这些燃料要送到苏联去化验,合格了才能使用。"

中方同意了他们的要求,将燃料送往苏联化验。结果大大出人意料,苏联专家接到化验报告,说:"中国的燃料中含可燃性物质太多,使用中国的推进剂发射,导弹有爆炸的危险。要发射导弹,必须购买苏联的推进剂。"

中方负责检验燃料质量的科研专家梁守盘和其它科学家大感失望,他们很清楚,这枚导弹是苏联制造的,如果中国没有掌握燃料推进剂生产技术,苏联专家一旦离开,中国的导弹发展计划便会搁浅。也就是说,没有自己的推进剂,就根本谈不上发展中国自己的导弹事业。

问题已经水落石出,中方立即召开会议商讨此事。会上,梁守盘气愤之极,拍案而起,大声说:"我们的产品经过化验,完全达到了数据上规定的标准,为什么不能使用?"

这句话犹如晴空霹雳,在与会人员眼前炸响了,他们知道,梁守盘的话绝不是夸大其词,中方生产的燃料确实进行了严格的化验分析。这一点,在场的中外专家心里都很清楚,他们也了解梁守盘从不说空话。

可是,在当时的中国,他们是不敢轻易得罪苏联专家的,因此,有人悄悄地劝告梁守盘:"应当尊重专家的意见,否则出了问题不好交待。"

梁守盘毫不畏怯,继续争论说:"引进的数据也是专家们的意见,而且是更多专家意见的结晶。我们根据资料生产的燃料,又根据理论做了严格分析,燃料不可能出问题。如果错了,我愿接受处分!"

在场的人们惊呆了,他们望着梁守盘,一时间会议现场静悄悄的,空气似乎凝固了。苏联专家有些坐不住了,一个个露出不安神色。不过,他们依旧没有表态,没有接受梁守盘的意见。

会议只好结束。梁守盘带着深深的不解陷入苦思当中,他一天到晚地想着这件事,不停地摇着头说:"我的每一步计算都是经过严格推敲的,怎么会出错呢?……为什么他们化验的结果是这样的呢?"

几天后,事情终于真相大白。中国生产的燃料并非不合格产品,而是苏联专家的化验出了问题,他们在计算时,误将分析资料中某一物质的气态容积作为液态容积使用了,于是,这种杂质在液体燃料中所占的百分比比实际数值高出了1 000倍。这样算出的推进剂当然不能使用。得知这种情况后,中方科研人员非常高兴,他们积极准备着,打算与苏联专家好好理论一番。可是,不久之后,中苏关系破裂,苏联撤走了专家组,答应运来的推进剂也以推进剂厂发生了不测事故而拒绝提供了。

这时,P-2导弹是否继续发射,成为摆在当时的中国科研人员面前最大的难题。梁守盘再次挺身而出,铿锵有力地说:"我担保,我们的推进剂百分之百合格。"

他勇敢的表现和坚定的信念，极大地鼓舞了中方科研人员的士气。这样，1960年9月10日，在外国专家撤走后的第20天，中国第一次用国产燃料成功地发射了P-2弹道导弹，写下了中国导弹发展史上的第一页。

在人类历史上，战争是客观存在的，其发生、发展和消亡具有一定规律，人们为了指导战争顺利进行，不断总结战争实践经验，探索战争的客观规律，寻求克敌制胜的手段和方法。军事学就是在这个基础上形成的。

从原始社会时起，部落或部落联盟之间就不断发生暴力冲突，这正是战争的初始时期。随后，战争愈演愈烈，从未真正地停息。随着社会发展，战争的形式和规模也在不断变化发展。由此形成的军事科学也发生了很多的变化，逐渐涉及国家的政治、经济、科学技术、文化教育以及意识形态等各个方面。

军事科学的根本任务，是从客观实际出发，透过极其复杂的战争现象，探索战争的性质和规律。它以战争为研究对象，涉及自然科学和社会科学的各方面，是一门综合性很强的学科。

梅西耶(1730—1817)，法国著名的天文学家。他的成就主要集中在天文观测领域，一共发现了近10颗彗星和100多颗云雾状天体。

法布尔的昆虫学

昆虫学是以昆虫为研究对象,通过对昆虫进行观察、收集、饲养和试验,了解昆虫的生活习性的科学。

被达尔文称作"举世无双的观察家"的法布尔,在昆虫学领域做出了杰出贡献,他为我们揭开了昆虫世界的种种有趣秘密,成为大家最喜爱的科学家之一。

1823年,法布尔出生于法国南部一个叫圣雷昂的村子里。少年的法布尔家庭贫寒,他没有任何的玩具,不过幸好,他还有着大片的田野可以嬉戏,因此,从小法布尔就开始和小伙伴们在田野里玩耍。法布尔与别的孩子不一样,他对昆虫特别感兴趣,口袋里常常装满各色昆虫,为了捉一只小虫子常常跟着虫子到处奔跑。他经常问大人们:"为什么鱼儿要在水里?""为什么蝴蝶喜欢花朵?"可是大人们很多的问题都答不上来。这让法布尔越来越好奇,发誓要弄清楚这些为什么。

为了谋生,法布尔14岁便出外工作,但他一直没有放弃学习。19岁,他考入了亚威农师范学院,毕业后成为了一名小学教师,后来又转去中学任教。在教学时,他经常带着学生们去认识各种昆虫。他的《昆虫记》,正是这么多年累积下来的记录手稿。

有一天,法布尔一大早就躺在大路边,静静地观察一块大石头上的昆虫,一躺就是一整天。有几个农村妇女去地里劳作,从早上就看他躺在那里,傍晚回家时他还一动不动,她们很好奇,上前说:"喂,你干什么呢?还不回家?"

法布尔专心观察昆虫,似乎没有听到妇女们的喊话。

妇女们以为他出了什么问题,吓得赶紧回家告诉他的父母。法布尔的父母赶到大石头边时,看他出神的样子,当即无可奈何地说:"不用担心,他一定是在那里观察昆虫。"

妇女们听了,凑上去一看,果然,石头上爬着很多昆虫。有一位妇女不禁失声说:"唉,这几只虫子值得你看一天吗?我还以为你对着大石头祷告呢!"后来,法布尔的行为在当地出了名,大家都称他是"中了邪的人"。

冬天来临了,法布尔病了,但他一如既往地捉虫子,观察、研究虫子。有一次,他捉了几只罕见的昆虫,可惜这几只虫子冻僵了,为了让它们生存下来,法布尔就把它们放到怀里,一直等它们慢慢苏醒。

还有一次,他花了整整三年时间,观察雄蚕蛾如何向雌蛾"求婚"。然而,就在他马上可以看到结果的时候,一只螳螂出现了,它吃掉了蚕蛾,害得法布尔痛失了观察的机会。此后,他又花了整整三年,才得到完整而准确的观察记录。

法布尔以忘我的精神研究昆虫,终于取得了辉煌的成就,他写的《昆虫记》一共20卷,每卷大约20篇,共200多万字,谈到的虫子有100多种,成为我们了解昆虫的宝贵数据。

法布尔晚年时,法国文学界曾多次向诺贝尔文学奖评委推荐他的《昆虫记》,却都未成功。为此,许多人或在报刊发表文章或写信给法布尔,为他不平。

法布尔平静地回答这些人说:"我工作,是因为其中有乐趣,而不是为了追求荣誉。你们因为我被公众遗忘而愤愤不平,其实,我并不在乎。"

昆虫学是以昆虫为研究对象的科学。通过对昆虫进行观察、收集、饲养和试验,了解昆虫的生活习性,这种科学涵盖面极广,包括进化、生态学、行为学、形态学、生理学、生物化学和遗传学等方面。

除了进行基础研究,揭示昆虫的生长发育规律外,科学家们还在很多情况下从事有害昆虫的防治研究,以及有害昆虫的利用研究,这就形成了经济昆虫学,也叫应用昆虫学。通过对不同昆虫的研究,掌握自然规律,使昆虫最大程度地为农业生产、生活服务。

韦伊(1906—),法国数学家。主要贡献在连续群和抽象代数几何学方面。1940年完成了专著《拓扑群上的积分及其应用》,开辟了群上调和分析的新领域。

丢鸭子的动力气象学家

动力气象学是应用物理学定律研究大气运动的动力和热力过程,以及它们的相互关系,从理论上探讨大气环流、天气系统和其它大气运动演变规律的大气科学的分支学科。

气象学家黄荣辉在科学研究中,往往全身心投入到工作中,十分痴迷。因此他在研究所获得了"书呆子"的外号。

有一年春节,研究所为每人发了一只鸭子。这天,黄荣辉依旧沉浸在思考大气波动问题上,推导有关行星波传播的数学公式,根本顾不得鸭子的问题。然而天黑了,同事们陆陆续续回家了。一名同事看着黄荣辉还在思考问题,提醒他说:"快走吧,该回家过年了。"

黄荣辉这才起身,拿着同事递过的鸭子回家。他将鸭子挂在自行车上,骑着自行车,一路走一路推导公式。路灯璀璨,街道冷清,家家户户都在忙着过新年,谁也不会想到一位科学家正走在寒夜里思索科学问题。

当黄荣辉走回家时,已经很晚了,他的夫人连忙出门迎接。这时,黄荣辉放下车子,刚要进屋,突然想起一件事:鸭子哪里去了?

夫人看他傻呼呼的样子,笑着说:"一个大活人带着一只死鸭子还丢了?算了,这也不是你第一次干这样的事,快洗一下吃饭吧,都等着你过年呢。"

说来也巧,正当黄荣辉一家准备吃饭时,门铃响了,一位同事走进来,手里拎着一只鸭子说:"鸭子丢了,给你送回来了。"

黄荣辉的夫人吃惊地问:"你怎么知道是他丢的?"

同事笑呵呵地说:"这很简单,我在宿舍楼外捡到这只鸭子,立即推理了一下:咱们所里这么多人都发了鸭子,这人会是谁呢?丢鸭子的人这么晚才回家,不用问,一定是'书呆子'黄荣辉。"

众人一听,轰然大笑。

就是靠着这几乎傻傻呆呆的钻研精神,黄荣辉才能获得令人钦佩的研究成就。他曾经感叹道:"灵感从没有帮过我的忙。"这个贫困农民家的孩子,所依靠的只是不息的奋斗精神。

正是因此,当人们刚刚开始关注太平洋上的"厄尔尼诺"现象的时候,黄荣辉已经对导致这些现象的大气行星波动机制进行了开拓性探索。他提出必须在垂直方向上把大气分成很多层,这样才能正确描述这种波动。而他也正是世界上最早把大气分成34层来研究一场行星波的人。

后来,一位英国著名的大气动力学家在他的著作中说:"在我的文章脱稿之后,中国的黄博士已经发表了他用三维多层模式的研究成果,我的结果与他的结果相类似。"可见,黄荣辉的研究,确实是走在世界前列的。

黄荣辉研究的课题属于动力气象学范畴。动力气象学既是大气科学的一个分支,也是流体力学的一个分支。这门学科主要研究大气运动的动力和热力过程,以及它们的相互关系,从理论上探讨大气环流、天气系统和其它大气运动的演变规律。按照研究内容不同,动力气象学可以分成大气动力学、大气热力学、大气环流、大气端流、数值天气预报、大气运动数值试验、大气运动,模型实验等分支学科。其中以大气动力学和大气热力学为主。

大气处于运动之中,这种动能来自于太阳辐射能。大气在转化辐射能的过程中,就像一架热机,不过它的转化效率很低,运动不明显。这就是大气动力学和热力学的研究问题。

动力气象学已经形成较完整的理论体系,这些理论在天气预报实践中,形成了完整的数值天气预报学科,因此使天气预报逐步走向定量化、客观化,成为天气预报中不可缺少的理论基础。

高斯(1777—1855),德国数学家、天文学家和物理学家。他发明了最小二乘法原理、证明了代数基本定理。他的《算术研究》一书,奠定了近代数论的基础。

狗参加的生理学实验

生理学是以生物机体的生命活动现象和机体各个组成部分的功能为研究对象的一门科学。它是研究活机体的正常生命活动规律的生物学分支学科。

巴甫洛夫喜欢用狗做实验，并且透过这些试验发现了很多著名理论，条件反射理论就是他用狗做实验发现的结果。而他通过这种动物实验，还发现了生理学中的其它方面。

巴甫洛夫很想知道动物消化系统的工作情况。但是，消化系统在动物体内，消化活动进行时，人们看不见；如果把肚子挖开来看，动物又不能进行消化活动了。如何才能解决这个难题呢？巴甫洛夫经过苦思冥想，煞费苦心地设计了一个复杂的实验：他给一条狗做了手术，把狗的食道在颈部中央割断，然后，他小心地将割断的两端都引出体外，并缝在皮肤上。完成以后，他又给狗进行了第二阶段的手术。这次，手术部位在狗的胃部，他将一根瘘管插到狗的胃里，然后将瘘管引出体外，外面再接上橡皮管。

一切准备顺当后，巴甫洛夫让狗休息一段时间，然后端来一盆鲜肉，放到狗的面前。经过两次消化系统手术，狗已经十分饥饿，它立刻贪婪地大口吞起肉来，只在嘴里咀嚼几下就咽下去了。可以想象，这些肉到不了它的胃里，因为它的食道已被切断了，咽下去的肉顺着食管又掉到了食盘里。所以，狗的胃里始终没有肉，它一直感到非常饥饿，为了满足食欲，它一直不停地贪婪地吃着，却总是吃不饱。而盘子里的肉呢，却始终保持那么多。

此时，巴甫洛夫当然不会盯着狗吃肉的场面而不顾忌其它，他知道，自己这个实验的重点在橡皮管上。随着实验的进行，他清楚地看到：在狗徒劳地吃肉后的四五分钟里，橡皮管里流出了大量的胃液。

这个实验就是有名的"假饲实验"。通过这个实验，巴甫洛夫观察到了狗的消化腺的分泌情况，他由此得出结论，当食物还没有进入胃的时候，胃就具有分泌胃液的机能。当时，许多科学家都称赞"假饲实验"是19世纪最有贡献的生理学实验。后来，巴甫洛夫获得了1904年的诺贝尔医学奖。

近代生理学始于17世纪，以实验为主要特征，后经过历代科学家努力取得很大发展。通常所说的生理学主要是指人体和高等脊椎动物的生理学。根据研究对象不同，生理学可分为微生物生理学、植物生理学、动物生理学和人体生理学。除了研究人体正常生命活动外，生理学的另一个任务就是研究人体的异常生命活动的规律。这就从生理学领域又派生了病理生理学，这对人类疾病的发生、发展和防治提供了理论依据

如今，随着科技、工业和航天事业的发展，机体在高温、低温、航天失重时的生理变化，已经引起生理学家关注，对此的研究应运而生。生理学这门由来已久的学科在现代科技和生活面前，又展现出崭新的魅力。

卡文迪什（1731—1810），英国物理学家和化学家。重大贡献之一是1798年完成了测量万有引力的扭秤实验，后世称为卡文迪什实验。他开创了弱力测量的新时代。

考验学生的诊断学

诊断学是论述诊察判断疾病的基本理论、基本方法、基本技能以及认识疾病的科学思维方法的一门学科。

威廉·奥斯列尔是英国大名鼎鼎的内科医生,他学术精湛,为人随和,特别喜欢开玩笑。有一年,伦敦医学院邀请他担任毕业考试委员会主席。奥斯列尔接到邀请,十分痛快地答应下来。到了考试那天,他独自一人兴冲冲赶往候试大厅,看到那里有很多学生,还有不少因考试特邀来的患者,他知道,医学院的大学生们须通过为这些病人诊断来表明自己的确诊能力,达到要求才能通过考试。

奥斯列尔在人群中等候着,过了一会儿,他突然灵机一动,想起一个主意。只见他步态歪歪斜斜地在大厅里走来走去,极像一位得了脊髓病的患者。他的样子十分引人注目,不多时,一名大学生走过来,悄悄地问道:"先生,您得了什么病?"奥斯列尔声音低沉地回答:"脊髓痨。"大学生很高兴,连忙往他的手心里塞了1先令银币。大学生哪里想到,这是奥斯列尔故意装病来考察学生们,看看他们有没有作弊行为。没想到,一下子就"抓"住了他。但是奥斯列尔什么也没说,他拿着1先令银币悄悄走开了。

考试开始了,当那名作弊的大学生走进考场,看见刚才那个随和的老人不在应召病人之列,而是端坐在主席圈椅上时,顿时窘得满脸通红,无地自容。

这是一个关于诊断学的故事。诊断学是论述诊察判断疾病的基本理论、基本方法、基本技能以及认识疾病的科学思维方法的一门学科。它是建立在基础医学、现代科技、临床实践经验上的一门临床基础课；是医学生由基础医学步入临床医学的桥梁；是一个优秀临床医生必须熟练掌握的基础理论知识、基本技术和方法。因此，诊断学是医学科学的重要学科之一。

诊断学的内容广泛，包括问诊、常见症状、体格检查、心电图检查、实验诊断、诊断思维方法与病历书写，并概要介绍诊断方法的新进展。问诊，是通过医生与患者进行提问与回答，了解疾病发生发展的过程。症状是指患者主观感受到不适或痛苦的异常感觉或某些客观病态。诊断学重点讲授常见症状，要求医生掌握主要常见症状的临床特点、出现原因、发生机制及临床意义，了解症状的分析对诊断疾病的重要作用。

体格检查的基本检查方法及一般检查有视诊、触诊、叩诊、听诊、嗅诊的基本方法，是医生用自己的感官或传统的辅助器具（听诊器、叩诊锤、血压计、体温计等）对患者进行系统观察和检查，揭示机体正常和异常征象的临床诊断方法。

实验室检查是通过物理、化学和生物学等实验室方法对患者的血液、体液、分泌物、排泄物、细胞取样和组织标本等进行检查，从而获得病原学、病理形态学或器官功能状态等数据，结合病史、临床症状和体征进行全面分析的诊断方法。

拉格朗日（1735—1813），法国数学家、物理学家。他在数学上最突出的贡献是使数学分析与几何与力学脱离开来，从此数学不再仅仅是其它学科的工具。

免疫学论文不免疫

免疫学是研究生物体对抗原物质免疫应答性及其方法的生物—医学科学。免疫应答是机体对抗原刺激的反应,也是对抗原物质进行识别和排除的一种生物学过程。

罗密琳·雅罗出生于1921年,她从小对自然科学感兴趣,在大学里也热衷于物理学,渴望从事科学研究工作。然而,当时的美国,还有着非常严重的性别歧视,没有哪个大学愿意将一笔物理学奖金给一个女人。面对现状,雅罗没有放弃,她换了种方式,主动给一位杰出的化学家当非全日制秘书。由于工作十分出色,几个月后,她得到化学家推荐,获得了伊利诺依大学的奖学金,并获得一个助理研究员的位置。1945年,雅罗获得博士学位并从此起开始边授课、边研究、边著书立说,在勃隆克斯医院筹备和开发新的放射性同位素应用工作。

1950年,雅罗专门从事放射同位素的研究。她与她的合作者贝尔森博士合作了20年,共同创立了放射免疫检验方法。这种方法包括两个方面的技术内容:一是生物学方面的,它可以利用特殊抗体的反应,甄别所给定的有机物质;一是物理学方面的,它将有放射性的原子引入有机物质中,给这些有机物质打上记号。两位科学家非常激动地将他们的研究成果写成论文,分别投到两家杂志社,希望引起关注和推广。然而这种方法与当时的治疗理论不太合适。因为治疗药物能引起抗体是不可思议的事,因此其发现并不为当时的人所接受。他们的论文寄出后,两家杂志都退回了原稿,并对他们说:"你们的论文太标新立异了,简直与正规科教书相反。"

看到这个结果,两位科学家十分失望,想到20年的努力就要付诸东流,他们很是伤心。不过,他们没有在伤心中沉沦放弃,而是选择了积极进取。经过一番认真思索,他们想到了一条出路:他们将论文做了巧妙的技术性修改,其中突出放射免疫测定法的物理学技术,而隐藏生物学技术问题。这样一来,这篇论文就成为一篇物理学论文,与治疗理论无关了。果然,杂志社接到"新"论文,很快以物理学论文发表了。两位科学家成功地瞒过了保守者墨守陈规的眼睛,将论文公诸于世,获得巨大反响。从此,免疫学进入了一个崭新的时期。

免疫学是研究生物体对抗原物质免疫应答性及其方法的生物—医学科学。免疫应答是机体对抗原刺激的反应,也是对抗原物质进行识别和排除的一种生物学过程。免疫学的发展有着漫长的历史,早在1 000多年前,人们就发现了免疫现象,并由此发展起来对传染病的免疫预防。比如,中国人用人痘痂皮接种以预防天花,后来,英国医生琴纳据此研究出用牛痘菌预防天花的方法,为免疫学对传染病的预防开辟了广阔的前景。

19世纪末,法国微生物学家巴斯德发明用减毒炭疽杆菌苗株制成疫苗,预防动物的炭疽病;用减毒狂犬病毒株制成疫苗,预防人类的狂犬病等,都是免疫学的进步发展。在此基础上,免疫学取得重大发展,形成细胞免疫和体液免疫两大学派。20世纪60年代,随着组织器官移植的开展,科学家对移植物排斥、免疫耐受性、免疫抑制、免疫缺陷、自身免疫、肿瘤免疫等进行了深入的研究,重新认识了免疫应答,将其定义为既可防御传染和保护机体、又可造成免疫损害和引起疾病的一个生物学过程。

从此,免疫不再单单指抗传染病免疫,而是生物体对一切非己分子进行识别与排除的过程,是维持机体相对稳定的一种生理反应,是机体自我识别的一种普遍生物学现象。

受讥讽的立体化学

立体化学就是从立体的角度出发研究分子的结构和反应行为的学科。研究对象是有机分子和无机分子。

1852年8月30日,荷兰鹿特丹的一位医学博士之家诞生了一个男婴,取名范霍夫。这个孩子从小聪明过人,在中学读书时,对化学实验产生了浓厚兴趣。他常常偷偷溜到学校的实验室去做化学试验,而且专门挑选那些易燃易爆和剧毒的危险品做试验材料。

范霍夫中学毕业后,考入大学攻读化学。有一天,他坐在图书馆里认真地阅读一篇论文,这是威利森努斯研究乳酸的文章。范霍夫一边读着,一边随手在身边的纸上画着乳酸的化学式。

不一会儿,论文读完了,化学式也画完了。范霍夫拿着自己画的化学式,若有所思地盯着上面的每个符号,突然,他被分子中心的一个碳原子吸引住了。他想,要是这个碳原子换成氢原子,那么,这个乳酸分子不就变成甲烷分子啦?由此他产生联想,要是甲烷分子中的氢原子和碳原子排列在同一个平面上,情况会怎样呢?

这个偶然产生的想法,使范霍夫异常激动,他隐隐觉得将有重大的发现诞生了。他不由兴奋地奔出图书馆,在大街上边走边构想甲烷分子中氢原子和碳原子的排列问题,他想能不能让甲烷分子中的4个氢原子都与碳原子排列在一个平面上呢？

范霍夫具有广博的数学、物理学等知识，他将自己的设想仔细思索一遍，认为只有当氢原子均匀地分布在一个碳原子周围的空间时，它们才能排列到一个平面上。那么，在这样的空间里甲烷分子是个什么样子呢？范霍夫苦苦思索，猛然顿悟，正四面体！应该是正四面体！这才是甲烷分子最恰当的空间排列方式！

想到这里，范霍夫立即跑回图书馆，他坐下来，按照自己想象的重新画起来。他在乳酸化学式的旁边画了两个正四面体，其中一个是另一个的镜像。接着，他又把自己的设想归纳研究一下，竟然惊奇地发现，物质的旋光特性的差异，是和它们的分子空间结构密切相关的。这就是物质产生旋光异构的秘密所在。

范霍夫特别激动，他立即将自己的发现整理成论文，提出了分子的空间立体结构假说。这个假说一经诞生，马上引起化学界巨大的反响。很多科学家纷纷发表文章评论范霍夫的假说。其中既有肯定的，也不乏否定的声音。而德国的莱比锡的赫尔曼·柯尔贝教授对此的批评最为尖锐，他撰文说："有一位乌得勒支兽医学院的范霍夫博士，对精确的化学研究不感兴趣。在他的《立体化学》中宣告说，他认为最方便的是乘上他从兽医学院租来的飞马，当他勇敢地飞向化学的帕纳萨斯山的顶峰时，他发现，原子是如何自行地在宇宙空间中组合起来的。"然而，却也有知名的化学家激动地写信来说："我在您的文章中，不仅看到了说明迄今未弄清楚的事实的极其机智的尝试，而且我也相信，这种尝试在我们这门科学中……将具有划时代的意义。"

然而，范霍夫面对讽刺，却表现出及其认真的态度，他认识到普遍规律性的重要，因此更加努力地进行科研探索，在有机化学、热力学等领域做出很大贡献,成为1901年首位诺贝尔化学奖获得者。

立体化学就是从立体的角度出发研究分子的结构和反应行为的学科。研究对象是有机分子和无机分子。由于有机化合物分子中主要的价键——共价键——具有方向性特征,立体化学在有机化学中占有更重要的地位。

立体化学分为两部分,一是静态立体化学,研究分子中各原子或原子团在空间位置的相互关系,主要以不对称合成获得某一旋光异构体为目的;二是动态立体化学,研究构型异构体的制备及其在化学反应中的行为等问题,除构象分析外,还对各个经典反应类型,如加成反应、取代反应中的立体化学现象进行研究。

立体化学除了用来研究有机化合物的分子结构和反应性能外,还在天然产物化学、生物化学、高分子化学等领域发挥重要的作用。另外,立体化学在生命科技领域也有广泛应用,特别是在对生物大分子、酶和核酸分子的认识和人工合成方面尤为重要。

盖伦(129—199),盖伦是古罗马时期最著名最有影响的医学大师,他被认为是仅次于希波克拉底的第二个医学权威。建立了血液的运动理论和对三种灵魂学说的发展。

爱因斯坦错误的宇宙学

现代宇宙学包括密切联系的两个方面，即观测宇宙学和理论宇宙学。前者侧重于发现大尺度的观测特征，后者侧重于研究宇宙的运动学和动力学以及建立宇宙模型。

爱因斯坦是伟大的科学家，一生成就卓越，为人类做出了了不起的贡献。尽管如此，他依然十分谦虚，在发现错误后敢于承认，这件事也成为他光辉人格的一个写照。

那是1917年，爱因斯坦刚刚创立了广义相对论的第二年。当时，他认为宇宙是稳态性的。为了证明这一点，他和荷兰物理学家德西特各自独立进行此项工作的研究。可是，在他研究过程中，他发现宇宙是动态的，而非想象中的静态。也就是说宇宙要么膨胀，要么收缩，始终处于运动状态。这让爱因斯坦大惊失色，可是由于物理直觉上的偏见和数学运算上的失误，他不肯放弃自己的最初理论，坚持静态宇宙的概念。

但是如何求得一个静态的宇宙模型解呢？他违心地在自己的研究中采用了一个"宇宙项"，这个结论在当时既符合宇宙学原理，又符合已知的观测事实。因此，表面看来非常合乎科学道理，得到大多数人认同。

然而，真理不会被埋没。1922年和1927年，美国学者弗里德曼和比利时学者勒特分别从数学角度证明，宇宙不是静态的，而是均匀的膨胀或收缩着。

爱因斯坦得知这个结果后，仍然固执己见，不肯放弃他的静态宇宙模型观。并且在多次会议上，与他们展开辩论，批评或指责他们。

事情却不像爱因斯坦预想的那样发展。不到两年，美国天文学家哈勃根据远距星云的观测，发现远距恒星发出的光谱线有红移现象，离地球越远的恒星光谱线红移越大。这就说明恒星在远离地球而去。他的发现对弗里德曼等人的动态宇宙模型说是极大的支持。

至此，爱因斯坦终于认识到自己的错误，他诚恳地说："坚持静态宇宙模型，是我一生中最大的错事。"他收回了对弗里德曼等人的批评，并积极支持宇宙动态模型说。

后来，爱因斯坦不断反思自己在科研方面的诸多成果，仔细考虑它们的对错，担心错误的观念流传下去，他向好友索洛文表示："我感到在我的工作中没有一个概念是很牢靠地站得住的，我也不能肯定我所走的道路一般是正确的。"由此可见，这位举世闻名的伟大科学家能勇于承认自己的错误，谦虚地回顾自己已被世人承认和称颂的成就，说明了爱因斯坦实事求是、尊重科学的坦荡胸怀。

宇宙学是从整体的角度来研究宇宙的结构和演化的天文学分支学科。分为观测宇宙学和理论宇宙学两部分。前者侧重于发现大尺度的宇宙现象，后者侧重于研究宇宙的运动学和动力学以及建立宇宙模型。

观测宇宙学研究发现，在宇宙中，存在着一些大尺度的系统性特征。宇宙中，除了几个距离较近的星系之外，河外天体谱线大都有红移，而且绝大多数谱线的红移量是相等的。红移量和星系之间的距离以及星系的角径有关，并且具有一定规律。

在宇宙背景辐射中,存在着多种波段的辐射,但是微波波段比其它波段都强,谱型接近黑体辐射。微波背景辐射大致性质相同,但是方向各异,起伏不明显。小尺度起伏不超过千分之二三,大尺度的起伏则更小一些。

大尺度天体系统具有特别的性质,它的结构、运动和演化并非小尺度天体系统的简单延长。而现代宇宙学,正是研究这一系列大尺度现象所固有的特征,从而与其它天文分支学科相区别。

惠更斯(1629—1695),荷兰物理学家、天文学家和数学家。他建立向心力定律,提出动量守恒原理,改进了定时器。

卢嘉锡毛估结构化学

结构化学是在原子、分子水平上研究物质分子构型与组成的相互关系，以及结构和各种运动的相互影响的化学分支学科。

卢嘉锡是著名的化学家，他毛估出固氮酶活性中心的"原子簇"模型，也叫做"网兜"模型，在 19 年后才被测定出来。他的"毛估"本领不由得让人大大折服。

1933 年，卢嘉锡还是一位大三学生。有一次，他的老师区嘉炜教授出了道特别难的题目测验自己的学生，结果只有卢嘉锡一人做出来了。可是，卢嘉锡却把小数点写错了一位。为此，区嘉炜教授只给了他 1/4 的分数，并语重心长地对他说："假如设计一座桥梁，小数点错一位可就要出大问题、犯大错误，今天我扣你 3/4 的分数，就是扣你把小数点放错了地方。"

这件事给卢嘉锡很大震动，他反复地思索：如何才能避免把小数点放错地方呢？善于总结学习方法的他发现，适当地毛估会避免一定的失误，使计算更准确。后来，他走上了献身科学的道路。发现从事科学研究同样需要进行"毛估"，或者说进行科学的猜想。

1939 年秋天，卢嘉锡赶赴美国留学，师从当时很有名气的结构化学家鲍林教授。在他身边，卢嘉锡见识了鲍林教授的"毛估"本领，对于科学"毛估"有了更深层次的认识和研究。

结构化学在当时处于初级阶段，所以，通常情况下科学家们需要花费很大的力气才能弄清楚某一物质的分子结构。但是，鲍林教授却不同，他研究分子结构比起别人要迅速简单得多，成就更加突出。这是什么原因造成的呢？卢嘉锡仔细观察，发现了一个特点。原来鲍林教授具有一种独特的化学直观能力，他往往在只有某种物质的化学式时，就能通过"毛估"大体上想象出这种物质的分子结构模型。

受此影响，卢嘉锡常常想，鲍林教授研究分子结构，靠的是一种"毛估"方法，我在科学研究上为什么就不能效仿呢？经过反复揣摩思索，他领悟出了科学"毛估"的特色。"毛估"需要有出色的想象力，但是，这种想象力必须扎根于那些已经拥有扎实的基础理论知识和丰富的科研实践经验的头脑。于是，卢嘉锡明白了，他开始更加勤奋，孜孜以求，希望能够早日掌握准确"毛估"的本事。

许多年以后，卢嘉锡成为著名科学家。1973年，他负责组织开展一系列关于固氮酶研究工作。当时，国际学术界对固氮酶"活性中心"结构问题的研究还处在朦胧状态，然而，卢嘉锡大胆提出了固氮酶活性中心的"原子簇"模型。由于模型的样子像网兜，因而又称之为"网兜模型"。几年之后，国外才陆续提出"原子簇"的模型。1992年，美国人终于测定出了实际的固氮酶基本结构，与卢嘉锡当年提出的模型在结构方面基本近似。由此，他的"毛估"本领引起科学界极大关注。而他本人在长期的科研实践中，也不断总结经验，"毛估"本领越来越强。他还把"毛估"的本领传授给学生们，告诫他们："'毛估'比'不估'好！"

其实，卢嘉锡推崇的科学"毛估"，在科学领域通常表现为某种科学设想或假说，他因此提醒从事科研的人们说："运用'毛估'需要有个科学的前提，那就是全面地把握事物的本质，否则，'未得其中三昧'，那'毛估'就可能变成'瞎估'。"

"毛估"是结构化学中一种重要的研究手段。结构化学是化学的分支学科，是在分子、原子层面上研究物质的微观结构及其与宏观性之间相互关系的新兴学科。它注重化学物质的内部结构，以及分子结构在各种运动影响下的变化特点，因此，科学家喜欢用"毛估"的方法设想其结构及其变化形式。

当然，研究结构化学的手段不止"毛估"一种，一般来说，近代各种实验手段都可以用来测定分子静态、动态结构和静态、动态性能。

贝塞尔（1784—1846），德国著名的天文学家和数学家，天体测量学的奠基人。1837年，他发现天鹅座61正在非常缓慢地改变位置，这颗星的视差是0.31弧秒，这是世界上最早测定的恒星视差之一。

水旱从人的水利工程学

水利工程是指用于控制和调配自然界的地表水和地下水,达到除害兴利目的而修建的工程,也称为水工程。

大约在公元前256年,即秦昭公51年,山西人李冰被任命为蜀(今四川成都)郡守。来到蜀地的李冰很快发现,这是一个灾情严重的地方。发源于成都平原北部岷山的岷江,水流湍急,到了灌县附近后,更是因突然从高山峡谷中来到平原,水势浩大,奔流不息,挟带来不少的泥沙。泥沙堆积,使得河床升高,水面也随之上升,因此往往会冲溃堤岸,导致河水泛滥,民不聊生。

李冰之前究竟有没有治水的经验,已经没有人能知道了,但可以肯定的是,他已经下定了治水的决心。从此,李冰和他的儿子开始沿岷江两岸进行实地考察,收集关于水情和地势的第一手数据,开始了轰轰烈烈的治水行动。

在灌县城外有一座玉垒山,东西挡住了岷江,使江水不能畅流。岷江东岸因为水流不过去往往会发生旱灾,而岷江西岸则由于水量过大,常常发生水灾。于是他们先将玉垒山凿开了一个二十米宽的口子,在岷江中构筑分水堰,将江水分做两支,让其中一支流进宝瓶口。岷

江分成了外江和内江，外江是岷江的本流，经过宝瓶口的江水叫内江，通向沱江。从此，岷江分流水量减轻，便不再发生洪水泛滥的情况了。

李冰还在江中设置石人，以了解江水水位，"竭不至足，盛不没肩"。同时，李冰父子还总结出了"深淘滩，低作堰"等水利原则。在他治理完岷江之后，当地再也没有发生过洪水泛滥之事，成都也就成为了著名的"天府之国"。

1970年，葛洲坝水利枢纽工程启动，水利专家严恺作为技术顾问，兢兢业业，不敢有丝毫的懈怠。1973年，周恩来总理提议派一个水利考察组到美国，美方欣然接受，于是，严恺作为考察组组长带领考察队上路了。在美国，严恺带领同事们马不停蹄，认真详细地考察了他们的很多水利工程，收获颇丰。当严恺等人废寝忘食地工作时，美方科技人员不由伸出大拇指说："你们这么认真，一定能建成了不起的工程。"

严恺谦虚地摇摇头，继续考察他们船闸的规模、布置与通航条件、闸门与启闭机、水利枢纽的航道淤积、溢洪道闸门与消能防冲、鱼道、大坝导流截流等。面对各方面的问题，严恺总是认真细致地一一询问，以求达到最大程度的理解。

经过几个月的努力和奔波，严恺和同事们充分吸取了国外在大型水利工程中的经验与教训，然后，他们运用自己的学识，提出了解决葛洲坝工程有关难题的方案。在他们论证的基础上，葛洲坝水利枢纽工程顺利完工。

对于三峡工程，严恺更是倾注了无数心血，这成为他有生之年未竟之业中魂牵梦绕的大事。他参加了三峡工程可行性论证的全过程，并积极主张工程上马。

1992年，80高龄的严恺教授凭借他在国际水利界的威望，再次访美，介绍长江三峡工程，为消除误解奔走呼号，为引进外资牵线搭桥。经过不懈努力，工程终于启动。今天的三峡工程,是世界上最大的水利枢纽工程。

水利工程,也叫水工程,指用于控制和调配自然界的地表水和地下水,达到除害兴利目的而修建的工程。

水利工程已有多年的发展历史,从古至今,人们一直与水进行着坚韧不拔的斗争,其中修建水利工程就是一项重要内容。一般来说,水利工程规模很大,涉及到修建坝、堤、溢洪道、水闸、进水口、管道、渡漕、筏道、鱼道等不同类型的水工建筑物,才能达到目的。

与其它工程相比,水利工程具有自己独特的特点:一是影响面很广。一项水利工程的兴建,对周围地区的环境将产生很大的影响。所以,制定水利工程规划时,必须从流域或地区的全局出发,尽量减免不利影响,平衡各方面,以达到最佳效果。二是水利工程投资多,技术复杂,工期较长。

勒威耶(1811—1877),法国天文学家,发现了水星近日点的异常运动,并预言"水内行星"的存在,这个预言虽然后来被爱因斯坦用广义相对论成功解释,但至今仍未能得到最后的证实。

第五章
科学研究及其它

数学之王的《算术研究》

表面张力是物质的特性,其大小与温度和介面两相物质的性质有关。一般来说,促使液体表面收缩的力叫做表面张力。

他是 19 世纪最具代表性的人物,他钻研过数论、代数、微分几何、天文、力学、水工学、电工学、磁学、光学等等,他在科学史上的地位,只有阿基米德和牛顿可以相提并论。他就是高斯。

3 岁那年,身为水泥厂工头的父亲正在发薪水给工人,高斯在一旁玩耍。然而,他很快地站起来,告诉父亲他算错了数目,并说出了正确的数目。所有人都目瞪口呆,从此以后他们都坚信,高斯在学说话之前就已经学会了计算,他一定是个天才。

10 岁时的高斯还是一个小学生,一次,他的数学老师打算偷懒休息一下,于是给孩子们出了一道题目,从 1 一直加到 100,这些孩子们才刚刚学算数,这个题目要耗费他们好多的时间。可是,数学老师刚刚想着他可以休息一会儿的时候,高斯已经站起来了,他告诉老师说:"我算出来了。"数学老师愣了,他不相信一个 10 岁的孩子可以这么快的做出来。他沉下脸,问高斯的答案,高斯朗声说:"5 050。"老师更惊讶了,他简直无法想象,一个 10 岁的孩子是怎么样在几秒钟的时间内就算出一个正确的答案的。高斯再次向他解释说,$1+100=101$,$2+99=101$,$3+98=101$,……$49+52=101$,$50+51=101$,一共有 50 对和为 101

的数目,所以答案是 $50×101=5\,050$。10岁的高斯,就已经找到了算术级数的对称性。

后来,费南迪公爵听说了这个天才的孩子,很赏识他的才华,于是决定资助他,从此,高斯得以进入专门的学府进行学习和研究。学习期间,他证明了代数的一个重要的定理:任何一元代数方程都有根。这就是"代数基本定理"。同时,他还发现了"高斯曲线",奠定了机率学的基础。

24岁时,高斯临时投入到天文学的研究中,第二年他便准确预测到了小行星二号——智神星的位置,引起了巨大轰动。50多岁的时候,他又开始和一位名叫韦伯的科学家研究磁学,并构造了世界上第一个电报机。

高斯死后,1898年哥廷根皇家学会向他的孙子借到了他的日记进行研究,人们这才发现,高斯还有140多项研究成果并未公布。比如有关椭圆函数双周期性的内容,就在他的日记中沉睡了整整100年,才被发现,并由后人加以发展。

为什么高斯不公布他的许多研究成果呢?原来,高斯是一个十分严谨的人,他觉得这些研究还不够完善,有进一步论证的必要,因此,他是绝不愿意向众人公布的。

如果高斯公布这些研究成果的话,那数学史也将会随之改变了。美国的著名数学家贝尔在他的《数学工作者》中是这么说的:"在高斯死后,人们才知道他早就预见一些19世纪的数学,而且在1800年之前已经期待它们的出现。如果他能把他所知道的一些东西泄漏,很可能现在数学比目前还要先进半个世纪或更多的时间。"

高斯留下来的最重要的著作便是他的《算术研究》。这部书结束了19世纪以前数论的无系统状态，开启了 19 世纪数学研究的大门。德国著名数学史家莫里茨·康托曾说过："《算术研究》是数论的宪章。"但这部著作主题深奥，普通人往往读不懂，因为它总共七章，所以大家都称它为"加七道封漆的著作"。

在这部书中，高斯提出了"同余"、"二次互反律"、"双二次互反律"和"三次互反律"等多个概念，并运用幂的同余理论证明了费马小定理，他还提出了一系列关于型的等价定理和型的复合理论。

康德（1724—1804），德国哲学家、天文学家、星云说的创立者之一、德国古典唯心主义创始人。1754 年，对"宇宙不变论"大胆提出怀疑。

千年前的结核病

结核病是由结核杆菌感染引起的慢性传染病。结核菌可能侵入人体全身各种器官,但主要侵犯肺脏,称为肺结核病。

自古以来结核病就是人类的大敌,在成千上万年的人类历史变迁中,不知有多少人丧生在结核病的手中。不管在东方,还是在西方,结核病都曾经肆虐蔓延,给人类带来极大的危害。

1972年,中国的考古工作者在湖南长沙的马王堆发掘了一座西汉古墓,令人大感吃惊的是,在这座古墓中,人们发现了一具没有腐烂的女尸,而且,通过医学工作者对这具2 100年前埋葬的女尸进行的周密详尽的病理解剖发现,在女尸的肺组织中竟然找到了清晰的肺结核的病变。

同样的情况还出现在世界另一个同样古老的国家,这就是埃及。在古代埃及,有这样一种风俗,他们把死去法老的尸体放在金字塔里,并用贵重的香料和树胶把尸体紧紧封缠起来,这样,由于香料的防腐和树胶的隔绝空气作用,尸体会干化成"木乃伊"而保存下来。可是到了现代,科学家们经过研究,发现在这些古老的木乃伊骨骼上,也有结核病侵袭的痕迹!

可见，结核病由来已久，危害广泛。在古代，由于缺乏科学知识，人们对它的认识并不深刻。相反，由于结核病感染时症状发展缓慢，往往在同一家族中不止一个人得病，所以，人们曾经误以为它是一种遗传病，后来，也有人认为它很可能是一种传染病。不管人们的认识如何，却一直找不出病因，因此，许多年来，一直无法给病人以有效治疗。结核病也就成为危害人类健康的巨大杀手。

古往今来的科学家们面对结核病，曾经做出过无数次努力。终于，到了公元1882年，德国的细菌学家科赫有了重大突破。他采用了一种用动物胶板培养基和色素染色法进行的新技术进行实验。在实验中，他发现造成结核病的竟是一种细菌！他为细菌取名结核杆菌。接着，他从结核杆菌的培养液中提取出结核菌素，并用结核菌素检查病人，看他是否染上了结核病。

这个方法很快得到科学界关注，很多科学家在此基础上不断进取，克服结核病的路程又向前迈进了一大步。其中，德国医学家贝林为结核病奋斗的故事最为感人。

贝林本来是抗毒素血清治疗法的发明和推广者，他为此获得了1901年的诺贝尔生理学或医学奖。然而，不幸的是，刚满50岁时，贝林因劳累过度，染上了肺结核病。这种病在当时还无药可治，就如同今天的癌症一样，被视为是一种绝症。

得知身患绝症的消息，贝林的亲朋好友都十分惋惜，纷纷前来安慰他。没想到贝林不但不难过，反而说："没什么，生命有限，但是科学之路没有止境。我已经做好了准备，从今以后，我就转向研究结核病。"亲人们听了，都被他无畏和奉献的精神感动，纷纷表示会全力支持他的事业。从此，贝林不顾疾病缠身，全身心投入到攻克结核病的难关之中。他日夜实验、思索、写体会，非常劳累。但他一刻也不停止工作，拒绝卧床休息，经过不懈努力，终于取得了进展，发明了牛结核菌苗。这种菌苗效果良好，很快推广到世界各地。

然而，贝林身体内的结核杆菌却开始肆虐，它们疯狂地侵蚀着贝林的身体。1917年，贝林在研究结核病的道路上到了关键时刻，就要有所重大突破时，结核病吞噬了他的生命。全世界都为失去这位伟大的学者而感到无比的悲痛和惋惜。

此后的科学家在贝林的基础上继续钻研，经过艰苦努力，终于掌握了结核病的预防方法以及治疗结核病的药物。至此，结核病才真正被人们征服。

结核病是由结核杆菌感染引起的慢性传染病。结核杆菌可以侵蚀全身各种器官，比如肺、骨骼等。其中，结核菌主要侵犯肺脏，所以，结核病又称为肺结核病。它传染性强，危害性大，一度是人类历史上最为严重的疾病之一。在民间，结核病更是被人们称为痨病、"白色瘟疫"等。

肺结核病是一种古老的传染病，自有人类以来就有。这种疾病是透过呼吸传染的，传染性的大小和传染源病人的病情严重性、排菌量的多少、咳嗽的频度、病人居住房子的通风情况及接触者的密切程度及抵抗力有关。其中最厉害的传染方式就是咳嗽传染，其次的传染途径就是随地吐痰形成的"尘埃传染"。

魏格纳(1880—1930)，德国气象学家、地球物理学家。用综合的方法来论证大陆漂移，提出了大陆漂移学说，开创了地质学的新时代。

魏可镁的催化剂专利

仅仅由于本身的存在就能加快或减慢化学反应速率，而本身的组成和质量并不改变的物质就叫催化剂。

魏可镁是中国福州大学的教授,有一年,他去日本筑波城作为期一年的学术访问。日本的筑波城,不亚于美国的"硅谷",是学术重地,人才济济,科技成果处于世界尖端水平。魏可镁到来后,一开始并没有引起日本学者注意。但是不久的一次试验,使他引起人们关注。

这是非贵重金属合成含氧化合物的制造方法的研究实验。魏可镁参与实验后,觉得研究方案不够严密,他坦诚地提出不要用贵金属,只要用钴和碱金属,并分析了理由。日本学者听了他的建议,十分吃惊,因为这是一项还没有被人突破的高精尖的研究课题,难道一位来自中国的普通教授有能力完成？他们经过讨论,不相信魏可镁在这个领域里能研究得这么深,没有同意他的方案。

魏可镁没有办法,只好按原方案进行实验,结果实验一次又一次地失败了。在事实面前,日本学者不得不重新考虑实验的方案,最后决定由魏可镁自主地处理研究方案、催化剂制备、配方确定,以及测试和表征。魏可镁按照自己的设想设计方案,制备催化剂,并进行了一次次实验,终于取得了成功,而且这个研究成果还取得了日本专利。

可是,在申报专利的过程中,却又产生了一段插曲。

日本学者在填报专利时，虽然把魏可镁的名字写上去了，却把他列在后面，更重要的是，他们把魏可镁写成是日本化学技术研究所的。魏可镁知道了事情真相，对于排名前后并不计较，但对他们将自己说成是日本研究所的，当即提出抗议，他找到课长请求更正这一点。课长自以为是地解释说："你是在我们所里搞出来的科研成果，是我们提供的条件，所以只能这样写。"

魏可镁一听，立即理直气壮地反驳："我是中国人。你这样写，不是把我当成日本人了吗？我要求一点，你们必须明确写清楚，我是中国福州大学的魏可镁。"

课长见他不肯让步，只好挂电话请示领导和专利局，最后，在魏可镁一再坚持下，他们终于同意了他的要求。

这件事后，日本学者对魏可镁的态度明显改变，他们对他刮目相看，而负责行政的人员更是嘘寒问暖，给他送去很多生活用品。课长也经常去他那里做客，还开车接他一起吃饭。

时间过得很快，一年转眼过去了，魏可镁该启程回国了，这时，课长特地征求他的意见，希望他能留下来继续工作一段时间。并说："如果你愿意，我马上去办理延长手续。"

魏可镁不是不知道，这里实验条件好，待遇也优厚，但他不能忘记自己的祖国，他清楚祖国需要自己，需要自己构想的各种新催化剂。所以，立即回去立项，建立新的研究课题，成为一种巨大的召唤。于是，他决定按期回国。在日本学者惋惜的目光中，他登上飞回祖国的飞机，与他们挥手告别。

故事中提到的催化剂是科学领域的新成果。在许多化学反应中，加入某种物质会使反应发生改变，比如化学反应变快，或者在较低温度下也能进行化学反应,而这种物质本身的组成和质量并不改变。这种物质就是催化剂。在催化剂参与下的化学反应就叫催化反应。

催化剂的作用是,在化学反应物不改变的情形下,只需较少活化能的路径就能进行化学反应。而通常在这种能量下,如果没有催化剂的作用,分子不是无法完成化学反应,就是需要较长时间来完成化学反应。但在有催化剂的环境下,分子只需较少的能量即可完成化学反应。

催化剂在参与化学反应时有两方面特点,一是对化学反应速率的影响非常大,有的催化剂可以使化学反应速率加快到几百万倍以上。一是催化剂一般具有选择性,它仅能使某一反应或某一类型的反应加速进行。

海尔(1868—1938),美国天文学家。在他组织下,美国安装过不少巨型望远镜。在叶凯士天文台安装的1.02米折射望远镜,到现在仍然是世界上最大的折射望远镜。

尿素发现者与女神的故事

尿素，亦称脲。 相当于碳酸的二酰氨。 尿素是哺乳类动物排出体内含氮代谢物的形式。

提起尿素，人们自然会记起一位科学家——维勒。正是他，用无机物合成了有机物尿素，对当时占统治地位的"生命力论"发起了第一次冲击，动摇了"生命力论"的根基。维勒和他合成的尿素也受到科学界普遍的关注，从而永载史册。

1800 年，维勒出生于德国一个医生家庭，他的父亲是一位著名的医生。维勒从小就在父亲的严格教导下认真学习，而他最喜爱的学科便是化学了。他的房间里，收藏了不少的矿石和实验仪器，他就在这每天的实验中渐渐地长大了。

后来，维勒获得了海德堡大学的医学博士学位，此时他已经开始研究动物有机体尿液中排泄出来的各种物质了。之后他被推荐到著名化学家贝采里乌斯门下学习，掌握了分析和制取各种元素的不少新方法。1824 年他回到家乡，在试验时用氰酸与氨水进行复分解反应，结果形成了草酸及一种肯定不是氰酸铵的白色结晶物，这种白色结晶物就是尿素。然而，当时只能自行进行试验的维勒因为缺乏相关的实验仪器，所以无法了解到这是什么物质。直到 1828 年，依靠着柏林工艺学院的设备，他才确定了自己四年前发现过的白色晶状物质正是尿素。同年，他在《物理学和化学年鉴》第 12 卷上发表了题为"论尿素的人工制成"的论文,引起了轰动。这是人类第一次用无机物合成了有机物,具有划时代的意义。

维勒的成功与他老师贝采里乌斯的栽培息息相关。有一年,维勒打算研究褐铅矿,可是因病被迫中止了。他的同学塞弗斯托姆在此领域继续探索,发现了"钒",因此一举成名。维勒很不服气,他写信向老师诉说此事,并说他在塞弗斯托姆之前将钒样品寄给了老师。

接到信后,贝采里乌斯略作斟酌,给维勒回了封信,信中说:"亲爱的维勒,今天我寄给您一份样品,这是新发现的钒元素。顺便,我给您讲个故事:

从前,在北方住着一位女神,她很美,又非常勤劳,她叫凡娜迪斯(Vanads)。一天,有个小伙子向她求爱,他敲着女神的门,希望女神能让他进去。可凡娜迪斯并未起来开门,因为她想试试小伙子有无耐心,过了一会儿,敲门声停了,女神起身来到窗口观望,看到的只是匆匆而去的小伙子的背影。女神惊奇地发现,这个小伙子就是维勒。她微笑着摇着头说:"啊,是淘气包维勒呀!好呀,让他白跑一趟也应该,谁叫他缺乏耐心呢?"

又过了几天,又有一位小伙子来敲门了。女神还是一样不给他开门。可这个小伙子不但敲得很坚决,还干脆有力,有股不达目的不罢休的韧劲。他一直地敲,一直地敲,直到女神被他感动,站起来为他开门,热情地邀他进屋。小伙子长得真帅,很有礼貌,和凡娜迪斯一见钟情。相识不久,两人结婚了,生下个活泼的小男孩,起名叫元素钒。您知道小伙子是谁吗?他就是您的同学塞弗斯托姆。

亲爱的维勒,顺便告诉您,上次带来的样品,不是钒,实际上是氧化钒。"

在信的最后,贝采里乌斯还写道:"您合成尿素,比发现10种新元素还要高超得多。"

维勒接到老师的信,想起自己从中学时就迷恋尿素合成,并得到老师长期指导,经过不懈努力终于取得成功的事情,立即明白了,他不再沉溺在抱怨和沮丧之中,而是以更大的精力投入到科学研究之中。

尿素,亦称脲。相当于碳酸的二酰氨。尿素是哺乳类动物排出体内含氮代谢物的形式。它在肝合成,其过程被称为尿素循环。尿素在正常人体的蛋白质分解最终产物中占有相当大的比例。在普通膳食的情况下,每日尿中可排出25～30克,接近尿中总氮量的87%。

经过人工合成的尿素,是很重要的肥料,外观为白色晶体或粉末,通常用作植物的氮肥。另外,尿素还有调节花量、疏花疏果、水稻制种、防治虫害等作用。除去农业用尿素外,还有医药尿素,用来治疗脑水肿、青光眼等疾病。

罗伯特·科赫(1843—1910),德国微生物学家,发明了使用固体培养基的"细菌纯培养法",科学地证明了结核杆菌是结核病的病原菌。1905年获得了诺贝尔医学和生理学奖。

不怕中毒，电解法析出单质氟

电解法是建立在电解基础上，透过称量沉积于电极表面的沉积物重量，以测定溶液中被测离子含量的电化学分析法，又称电重量分析法。

化学家莫瓦桑 18 岁时，在巴黎一家药店做学徒。有一天，药店外一个中年男子吃力地走来，他手按腹部，急促而虚弱地喊着："救救我！救救我吧！"药店内的人立刻将目光全部集中在他的身上，只见他大口地喘着气，冷汗顺着面颊流下来，额头青筋暴起，难忍的痛苦使他眼斜鼻歪，神情十分吓人。他摇摇晃晃地迈动了两步，便无力地倒在地板上。

药房的人全都放下手中的工作，围拢过来察看。店内最有经验的老药剂师蹲下身，轻声地问道："你哪里不舒服？"

地下的男子有气无力地睁着眼睛，断断续续地说："唉呀！肚子……肚子痛，痛死我了，我……我误食了砒霜，我中毒了。求您……求您救救我吧！"

老药剂师仔细端详中毒者的面容和表情，询问他误食砒霜的时间，观看他抽搐的动作，随后摘下眼镜，望着蓝天，用手在胸前划了个十字，叹道"天呐！晚了，晚了。早一点来，或许……可是，现在已经太晚了，谁也无能为力了。"说着，他擦擦头上渗出的汗珠，脸色变得苍白，目光呆滞地站在一边。

围在中毒者身边的人手足无措地站立着，无不流露出惋惜神色。这时，莫瓦桑从外边回来，看到眼前情景挤进来，说道："让我来看一看，也许还有救。"他的话无疑于晴空霹雳,使得所有人大吃一惊。人们知道他才到药房不久,是名小学徒,能有什么本事,竟敢说这样的大话?可是,莫瓦桑非常沉着,在众目睽睽之下转身走进药房,站在药橱前,先取下了一瓶吐酒石,这是能够引起呕吐的药品。然后他又取下几瓶药,量好了药量,配制成解药,亲自把药喂到中毒者的口中。

看着他有条不紊的动作,大家的心里越来越有底了。果然,中毒者服药后,症状逐渐减轻,一个眼看就要死亡的人得救了!这件事很快就传遍整个巴黎,年轻的莫瓦桑由此名声大振。

后来,莫瓦桑靠着自己的自学,考上了法国著名化学家弗罗密的实习生,开始了他的化学研究。有一次,他的同学阿方曼拿着一瓶药对他说:"这就是氟化钾,世界上还没有一个人能制出单质氟来!""真的没有一个人能制出来吗?难道连老师也不能?"莫瓦桑很好奇。"不能。你知道吗,氟是有毒的,人们都叫它死亡元素。大化学家戴维,爱尔兰科学院的诺克斯兄弟,还有比利时的鲁那特和法国的危克雷都因此中了毒,就算没死也去了半条命。氟实在是太可怕了。"

可是,阿方曼不知道的是,他的这番话让莫瓦桑暗暗地下了决心,一定要制出单质氟来。从此,他开始了制取单质氟的实验。他在总结前人经验教训的基础上,研究了几乎全部有关氟及化合物的著作,并且采取了多种方法制取单质氟气,但都没有成功。在这些试验过程中,莫瓦桑曾经3次中毒,但他毫不气馁,意志坚强地继续试验。终于,他用电解法从加入氟化钾的氟化氢液体中得到了单质氟。这项成就轰动了整个化学界。其后,他又先后发明了莫氏炉和人造金刚石。这一系列的成就,使他获得了1906年的诺贝尔化学奖。

令人惋惜的是,因为长期接触有毒物品,莫瓦桑的健康已经受到了严重的损害。在获得诺贝尔奖的第二年,这位年仅55岁的化学家就逝世了。

故事中，莫瓦桑采用电解法制取了单质氟，那么，什么是电解法？它在科学领域还有哪些用途呢？

电解法，又称电重量分析法，是在电解基础上，透过称量沉积于电极表面的沉积物的重量，以测定溶液中被测离子含量的电化学分析法。

电解是电解法的基础，在电解池中进行。电解池分阴阳两极，分别连接电源的负极和正极。这样，电源通电后，在电解池的阳极上就发生氧化反应，在阴极上发生还原反应。当两极的电压增大，使得电解过程持续稳定进行时，电解池内的金属离子就以一定组成的金属状态在阴极析出，或以一定组成的氧化物形态在阳极析出。

在实际操作中，电解过程有很多种，如恒电流电解分析法、控制阴极电位电解分析法、内电解分析法和汞阴极电解分析法。

开尔文（1824—1907），19世纪英国卓越的物理学家、发明家、电学家，他被看作英帝国的第一位物理学家，热力学的主要奠基人之一。

王应睐与胰岛素合成

人工合成胰岛素分为三步：第一步，先把天然胰岛素拆成两条链，再把它们重新合成为胰岛素，第二步，在合成了胰岛素的两条链后，用人工合成的 B 链同天然的 A 链相连接。 第三步，把经过考验的半合成的 A 链与 B 链相结合。

  在诺贝尔生物奖的评审历史上，曾经有过一个比较特殊的例子。这个例子发生在中国。1965 年，中国首次合成牛胰岛素，这是世界上的伟大创举，引起巨大轰动。按照科技成果，合成牛胰岛素的科研人员肯定会得到当年的诺贝尔生物奖。为此，瑞典皇家科学院诺贝尔奖评审委员会化学组主席蒂塞刘斯特意来到中国，考察此事。可是，让他大感为难的是，参加人工合成牛胰岛素的人员，仅骨干就有 20 多位，不符合该奖授奖对象最多为 3 人的规则。

  为了能够申报成功，中方展开了多次讨论研究，商讨申报的科研人员名单。在会议上，大多数人都提出："首先应该报上王应睐所长的名字，因为他是人工合成胰岛素的组织者。"

  确实，王应睐是中国生化领域重要的学术带头人，他从海外"挖"来了一批批优秀人才。和王应睐合称"剑桥三剑客"的曹天钦和邹承鲁就是在他的感召下来到生化所的。他们为这里带来了剑桥的优良作风和研究传统。

  在学术研究上，王应睐极力提倡思想自由和直言不讳的批评，研究员许根俊曾说："王先生对人的爱护是真正的爱护,他关心你、支持你,也批评你。"对于任何人他都敢于批评,即使身份已经很高的人。许多受过他批评的人,都感激他的真诚帮助,从来没有人因为受过他批评而记恨他。

后来,王应睐接受组织安排,担任胰岛素合成工作的领导。这是一个牵涉许多单位、许多人员的研究工作,是一个大工程,作为领导,信心和正确的判断以及决心都是决定成功与否的关键,而知人善任,组织合适的人才来做合适的工作,更是需要具备渊博的学识和丰富领导才能的人才能做到。

所以,王应睐能够成功领导科研人员合成胰岛素,说明他在这件事上功不可没,这也是大家一致推举他的原因。

但是,王应睐听完大家的意见,平静地说:"我是组织者,没有资格得到诺贝尔奖,还是把机会让给大家吧。"原来,诺贝尔奖规定该奖不授予组织者。

受他影响,很多人都主动退出了申报名单。但是,中方最终申报的科研人员仍有4名,这与诺贝尔奖的规则不符,因此,蒂塞刘斯无法同意中方的意见。

结果,这年的诺贝尔奖最终与中国无缘。

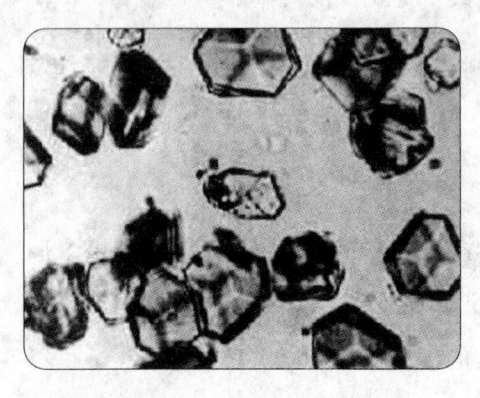

后来,王应睐在胰岛素合成和他以后领衔的转移核糖核酸合成两项工作的任何一篇论文上都没有署名,尽管如此,他的成就依然被人们牢记。邹承鲁说:"中国的生物化学能有今天的水平和规模,王先生功居首位。"著名的英国学者李约瑟,更是将王应睐称为中国生物化学的奠基人之一。

胰岛素是一种蛋白质类激素。人体内胰岛素是由胰岛β细胞分泌的。在人体十二指肠旁边，有一条长形的器官，这就是胰腺。在胰腺中散布着许许多多的细胞群，叫做胰岛。胰腺中胰岛总数约有100～200万个。胰岛β细胞受内源性或外源性物质如葡萄糖、乳糖、核糖、精氨酸、胰高血糖素等的刺激，就会分泌一种蛋白质激素，这就是胰岛素。

　　胰岛素是机体内唯一降低血糖的激素，也是唯一同时促进糖原、脂肪、蛋白质合成的激素，能够促进合成代谢，作用重大。一旦胰岛素分泌不畅，含量降低，机体代谢受影响，就会造成糖尿病，给机体带来极大威胁。因此，临床上必须使用合成胰岛素治疗糖尿病病人。

　　多年来，科学家们不断探索，希望寻找到合成胰岛素，解决医学难题。1965年9月17日，世界上首次人工合成牛胰岛素取得成功。经过鉴定，它的结构、生物活力、物理化学性质、结晶形状都和天然的牛胰岛素完全一样。这是世界上第一次成功的人工合成蛋白质，对于糖尿病的治疗有着极其重大的意义。

道尔顿(1766—1844)，英国化学家。原子学说创始人，提出原子论。发现混合气体中，各气体的分压定律。著有《化学哲学的新体系》。

酒精灯上的食品检疫

食品卫生就是对食品生产加工过程中，可能存在或产生的有害因素加以消除或控制，以确保食品对人体安全卫生，从而有益于人体健康所采取的一种积极干预措施。

罗伯特·威廉·伍德是美国著名的物理学家，有一段时间他在一家巴黎饭馆包饭，每天都到那里进餐。

几天过后，伍德发现这家饭馆的饭菜质量有问题，为了验证自己的猜测，他决心做个小试验。这天，他要了一盘烤鸡，吃饱之后，盘子里剩下几块鸡骨头，他从上衣口袋里掏出早就准备好的一小包粉末，撒在盘中骨头上。他的举动引起周围客人的注意，人们无不流露出疑惑的神色。可是，大家不知道是怎么回事，也无人向他发问。

第二天，伍德按时来到饭馆，老板吩咐给他上了第一道菜。伍德一看，这是一盘鸡汤，不由地暗暗一笑。他坐下来后，不慌不忙掏出一盏小型酒精灯放在桌上，并且点燃灯芯。然后，他用调羹沾了几滴菜汤，轻轻滴在火焰上。顿时，酒精灯上的火焰变成了红色。

周围的人奇怪地看着这一切，不知道伍德到底在做什么。这时，却听伍德喊道："果然不出我所料！"有位客人忍不住问道："先生，出了什么问题？"

伍德指着酒精灯上红色的火焰说："昨天我把氯化锂撒在吃剩下的鸡骨头

上了。今天,酒精灯发出红色火焰,说明汤里面有氯化锂,证明今天的汤是用昨天吃剩的鸡骨头做的。"

客人们一听,无不愤怒地转向饭馆老板。再看老板,满面羞愧之色,正不知道如何是好呢。

这则有趣的故事讲述了食品卫生和检疫的问题。随着人类生活水平提高,食品卫生已经越来越受到关注,关于食品卫生的检测手段也越来越丰富。

食品卫生就是对于食品在生产、加工、运输、销售、供给等食品生产加工过程中,可能存在或产生的生物性、化学性、放射性等有害因素加以消除或控制,以确保食品对人体安全卫生、无毒无害,从而有益于人体健康所采取的一种积极干预措施。简单地说,食品卫生就是确保食品对人体安全无害、营养、卫生,并使食品有益于机体对营养健康的正常需求。

为了确保食品安全和卫生,必须进行有效的检测方法,这些方法大多是化学试验,可以检测产品中的不明物质及其重要组织成分,以指导工艺控制并将食品的生产导入全新的领域;还可以检测有无污染以及污染程度,保护消费者。另外,检测还有助于改进食品风味,利于消费。

遗书里的健康教育

健康教育就是透过有计划、有组织、有系统的社会教育活动，使人们自觉地采纳有益于健康的行为和生活方式，消除或减轻影响健康的危险因素。

赫尔曼·约尔哈夫是荷兰著名的物理学家和化学家，他一生著书颇丰，成就卓著，在物理和化学领域影响深远。

1723年，约尔哈夫离开了人世。人们在整理他的遗物时，发现他的案头上有一本加上封皮的书。这本书看上去非常精致，封皮上留着约尔哈夫的笔迹："唯一深奥的秘诀在于医术。"看起来，这是一本关于医术的书，那么，大科学家临终之际会留给后人什么样伟大的医学著作呢？

很快，这本书原封不动地出现在拍卖市场上。这天，前来参加拍卖的人非常多，事前大家对此书早有风闻，争相一观这本奇书的内容，所以都涌到拍卖会场，一图凑热闹，二来争买此书。

这次拍卖会有约尔哈夫的不少著作等待拍卖，然而，拍卖会一开始，人们就发现，拍卖会场成了这本书的专门拍卖会，其它书籍被冷落一旁，无人问津。大家都将目光集中到此书上，拍卖员更是一而再再而三地抬高书价，拍卖现场异常火爆热闹。人们争先恐后，纷纷举拍，希望能够购买到此书。

随着叫喊声此起彼伏，最后，此书以2万金币的价格被一位富商买走。

当富商喜滋滋地捧着书本,赶回家中,急不可耐地打开书封后,大吃一惊。原来书中全是白纸!他不甘心地再次将书翻了一遍,结果依旧如此。这本共有100页的书,前面99页全是空白纸。他小心地翻到最后一页,上面留着约尔哈夫的手迹:"注意保持头冷脚暖。这样,最知名的大夫也会变成穷光蛋。"富商欲哭无泪,叹道:"2万金币就买了这几个字!"

说起来,约尔哈夫确实与人们开了个玩笑,但是,他留给人们的最后建议非常宝贵,这是人们日常保健的重要课题。要知道,各类疾病的发生都与人们的健康意识、防病知识有着不可分割的关系,如果懂得保健,做好了防病准备,自然就会少发病。这就是目前正在逐渐受人关注的健康教育。

关于健康教育,世界卫生组织是这样定义的:"健康教育是诱导、鼓励人们养成并保持有利于健康的生活;合理并明智地利用已有的保健服务设施;自觉自愿地从事改进个人和集体卫生状况和环境的活动。"

健康教育涉及领域广泛,其中涉及的学科有生理学、流行病学、心理学、社会学、管理学、行为学、教育学、传播学、公共关系学等。同时,健康教育的方法也很多,常见的有健康咨询、专题讲座、卫生传单、卫生宣传画、标本、模型、示范等。

随着科学的不断发展和社会的高度进步,人们已经越来越认识到健康保健的重要,认识到疾病的发生是多因素综合作用的结果,因此,人们开始积极寻求健康的途径,预防疾病发生,在这些过程中,人们认识到教育是一种有效的办法。因此,健康教育已经越来越受重视。

德札尔格(1593—1662),法国数学家。主要贡献是创立射影几何。1636年出版《论透视截线》,提出两个三角形透视的定理。

李政道给毛泽东演示对称

若一个系统通过一种变换，其前后状态相同或者等价，则称该系统对此变化具有对称性。这里系统可以是某一具体的物体、物理量或物理定律。因而对称性就是某一物体、物理量或物理定律在某种变换下的不变性。

1974年5月30日，物理学家李政道到北京不久，就接到毛泽东邀请他前去中南海面谈的电话。李政道急忙收拾一下，匆匆赶往中南海毛泽东的书房。两人见面后，握手问好，坐下交谈。

让李政道大感惊讶的是，毛泽东主席坐下后开门见山地说："对称为什么重要？对称就是平衡，平衡就是静止。静止不重要，动才是重要的。"

原来，李政道在物理学方面的重要成就是关于弱相互作用中宇称不守恒定律以及其一些对称性不守恒的发现，这是极为重要的划时代贡献，为此，李政道教授和杨振宁教授共获1957年诺贝尔物理学奖。然而，毛泽东作为政治家，对于李政道的理论研究并不很了解，他认为对称指的不过是"均衡比例"，或"由这种均衡比例产生的形状美"，是静止不变的问题。在他看来，人类社会的整个进化过程是基于"动力学"变化的。动力学，而不是静力学，是唯一重要的因素。所以，他以为在自然科学界也一定遵循这个原则，因此，他直截了当地表明自己的观点，认为李政道的理论也是这个意思。今天，他喊来李政道就是要与他切磋交流。

面对国家最高领导人的片面理解,李政道表现出一位真正科学家的勇气和智慧。他从容不迫地拿起身边桌子上的一张纸和一支笔,将笔放在纸上,先让纸向毛泽东倾斜,然后又将纸向自己倾斜,这样,笔就在纸上滚来滚去。来回滚动了三次后,李政道停下来,看着毛泽东主席坦然地说:"主席,我刚才运动的过程是对称的,可是没有任何一个时刻是静止的。"

毛泽东好奇地看着李政道表演,听他这么说,不由感到一惊,他惊奇地听着李政道解释道:"对称不是简单的平衡,运动中也可能是对称。"然后,他较为细致地解释了这种现象,指出对称这个概念决不是静止,它要比其通常的含义普遍得多,而且适用于一切自然现象,从宇宙的产生到每个微观的亚核反应过程。

毛泽东认真地听着,目光中流露出钦佩的神色,他对李政道提出的对称越来越感兴趣,感叹地说:"我一生经历的都是动荡,所以认为动是重要的。看来我的认识太落伍了。"

这席话说得在场的人都微微笑了。接着,毛泽东和李政道轻松愉快地继续交谈。毛泽东不无感慨地谈起自己年轻时学习科学的事,说:"当时念科学的时间不多,有关科学的观念大都是从一套汤姆生写的《科学大纲》中得来的。"

他们交谈了大约一个小时,李政道才起身告辞。

后来,李政道奔赴美国,在飞机上,一位服务员给他一包东西,说是毛泽东送给他的。李政道非常惊讶,他打开一看,竟是一包书!这是毛泽东提到的那套《科学大纲》,共有四本,是英文原版。看着这套书,李政道想起与毛泽东会面交谈的一个小时,心情异样激动。

对称一般指图形和形态被点、线或平面区分为相等的部分而言。这些对称性被看作自然界的一项美学原则,广泛应用于建筑、造型艺术和工艺美术中。

在物理学中,对称性是常见和重要的概念,用于研究物理规律的特征,通常与变换相联系。对称性的定义就是某一情形在某个变换下保持不变的性质。某一情形涵盖广泛,包括某一具体的物体、物理量或物理定律。

在经典物理学中,研究和应用最为深入广泛的是物理定律的对称性,它是指物理定律经某种变换以后形式不变。它包括以下几方面内容,一、空间和时间平移对称性和时间平移对称性,指在任何地方,任何时间,运动的物理都遵从相同的物理定律;二、空间旋转对称性,是指无论朝着哪个方位,物体的运动都遵从相同的物理定律;三、镜像对称性,指物体与其镜像的运动都遵从相同的定律;四、在时间反演下,具有时间反演对称性;五、经典力学在伽利略变换下不变,有对称性;六、电磁场麦克斯韦方程组则具有洛仑兹变换的对称性。

布鲁诺(1548—1600),意大利哲学家和思想家。宣传哥白尼的日心说,并明确指出"宇宙是无限大的","宇宙不仅是无限的,而且是物质的"。最后被宗教裁判所判为"异端"烧死在罗马鲜花广场。

科学之光的认识论

科学认识论，就是要研究认识活动的详细过程和机理。因此，科学认识论首先要找到并确定认识活动通常采用的形式，即找到和确定认识活动所采取的基本形式，这是科学认识论最基本的事情。

在科学史上，培根是一位独一无二的人物，因为他既是成就杰出的科学家，又是唯物主义哲学家，被尊称为哲学史和科学史上划时代的人物。马克思曾经称他是"英国唯物主义和整个现代实验科学的真正始祖"。

1561年，培根出生于伦敦一个官宦世家。他的父亲是伊丽莎白女王的掌玺大臣，地位显赫，母亲是一位颇有名气的才女，能够娴熟地使用希腊文和拉丁文。出生在如此家庭环境里的培根，从小接受了良好的教育，各方面都表现出异乎寻常的才智，年仅12岁时，就被送入剑桥大学三一学院深造。

培根善于观察和思索，在校期间成绩显著，然而也就在此时，他的思想发生了一些变化，对传统的观念和信仰产生了怀疑，喜欢独自思考社会和人生的真谛。3年后，15岁的培根得到英国驻法大使埃米阿斯·鲍莱爵士青睐，将他带到了法国。此后，培根在巴黎旅居了两年半，几乎走遍了整个法国，接触到不少的新鲜事物，汲取了许多新的思想，这对他的世界观的形成起到了很大的作用。

1579年，培根的家庭出现变故，他的父亲突然病逝，因此，他的生活陷入贫困之中。培根在回国奔丧之后，就住进了葛莱法学院，一面攻读法律，一面四处谋求职位，寻求生活来源。21 岁时培根取得了律师资格，并于两年后当选为国会议员，成为法院出缺后的书记。十分不巧的是，这一职位竟长达 20 年之久没有出现空缺。因此，培根只好四处奔波，却始终没有得到任何职位。

生活的变故和事业的打击，使得培根在思想上更为成熟了，他在艰难的思索之中，开始转移奋斗目标，决心要把那些脱离实际、脱离自然的一切知识加以改革，把经验观察、事实依据、实践效果引入认识论。在这一伟大抱负的实践过程中，他提出了科学的"伟大复兴"计划，并准备为之奋斗一生。

后来，培根受到英国新国王詹姆士一世赞赏，在政治上开始崭露头角。然而，培根虽是优秀的科学家和哲学家，却不是出色的官员。1621 年，培根便因为受贿被严厉处罚，因此被迫退出政坛。然而，政途上的不幸也许正是科学与哲学的大幸。从此，培根不理政事，开始专心从事理论著述，在科学和哲学领域取得卓越成就，迎来了他一生中最为人所称道的岁月。

当培根 65 岁时，依然潜心研究冷热理论及其应用问题。有一次，他坐车经过伦敦北郊，恰巧路过一片雪地，这时，他突然想做一次关于冷热理论的实验。于是，培根亲手宰了一只鸡，把雪填进鸡的肚子里，打算观察冷冻在防腐上的作用。然而，由于年龄较大，身体孱弱，他经受不住风寒的侵袭，支气管炎复发，病情恶化，结果，一个月后他便病逝而去。

培根虽已去世，他的成就和贡献却深深记在人们心里。为了怀念他，人们为他修建了一座纪念碑，亨利·沃登爵士为他题写了墓志铭：

圣奥尔本斯子爵

如用更煊赫的头衔应称之为"科学之光"、"法律之舌"……

认识论是探讨人类认识的本质、结构，认识与客观实在的关系，认识的前提和基础，认识发生、发展的过程及其规律，认识的真理标准等问题的学说，又称知识论。

认识活动的形式很多，包括意识、思维、心理、直觉、经验等。其中最基本形式就是思维，因此，要了解认识活动本身，就要了解思维。透过思维，人们可以看到认识的实质和它的所有性质。

思维是人脑对客观现实概括的和间接的反映，它反映的是事物的本质和事物间规律性的联系。在认识过程中，思维实现着从现象到本质、从感性到理性的转化，使人达到对客观事物的理性认识，从而构成了人类认识的高级阶段。由此可见，认识是探索现象和事物本质的活动，是科学活动中重要的手段。

李比希（1803—1873），德国著名化学家。首次发现不同化合物具有同样的分子式，从此诞生了"同分异构体"这个名词。开创性地建立了学生普通实验室。

总统的占星术与伪科学

没有科学根据的非科学理论或方法宣称为科学或者比科学还要科学的某种主张称为伪科学。

到了今天,美国前总统里根和他的妻子南希迷信占星术的事,在美国已经不是什么秘密了。在里根的总统任期内,他们的很多行动都是通过女占星术士嘉瓦娜·卡维莉决定的,而不是根据国家需要安排总统的工作日程。

这件事给一个人带来极大麻烦,他就是白宫办公室主任唐纳德·里甘。每天,里甘上班后,第一眼见到的就是办公桌上的星命日历。这个日历是嘉瓦娜·卡维莉每天为里根仔细推算的,并且标上不同的颜色以示凶吉。要是日历上划着绿色线条,说明里根的本命星星座明亮,意味着是吉月、吉周、吉日,这时出国访问、外出讲演、做重要决策,都能一帆风顺,获得成功。要是日历上划着红色线条,说明里根的本命星星座昏暗,意味着是凶月、凶周、凶日,这时里根就不宜出头露面,否则将会发生车祸、遇刺等事件,如果颁布重要决定也将事与愿违,总之诸事不宜。要是日历上划着黄色线条,说明里根的本命星星座不明不暗,意味着是无凶无吉月、周、日,这时里根可以正常活动,不必担心出车祸、坠机以及遇刺,但也不会办成什么大事。

里甘必须按照日历所示安排总统的活动,为此,他有时候不得不临时取消很多早就安排好的行动,有时候又突然增加一些行动。总之,弄得整个白宫一片混乱,导致政府官员不断指责他胡乱安排。但是里甘又不能泄露内幕,不能告诉任何人真正的瞎指挥是幕后的女占星术士嘉瓦娜·卡维莉。

这样,时间一久,唐纳德·里甘终于无法忍受了,他在1987年向里根总统正式辞职,并坦率地说:"我认为,在这种环境下工作是痛苦的、是难堪的。所有的人们都认为错误出在我身上,而我是无辜的。错误来自占星术!现在我只能说:拜拜!"

占星术对里根到底起到了什么作用,没有人能够说明,不过总统夫人南希倒是确定,真是占星术救了里根的命。在里根上任69天的那次遇刺事件中,南希按照占星术的指示坚持把他送到了一家私人医院,而不是指定的贝塞斯达海军医院,还请了很多印第安巫师到白宫作法,这才使里根逃脱了厄运,捡回了一条命。

占星术是一种典型的伪科学活动。那么,为什么在科技高速发展的今天,仍存在伪科学,它的特点和危害又在哪里呢?

伪科学指的是把没有科学根据的非科学理论或方法宣称为科学或者比科学还要科学的某种主张。伪科学并非一时的科学错误,而是一种社会历史现象,它在特定的时间和地点冒充科学,把已经被科学界证明不属科学的东西当作科学对待,并且长期不能或者拒绝提供严格的证据。

实际上,伪科学与科学总是相伴而行的,完整的科学史显示,许多对科学作出了重大贡献的杰出科学家同时也有意或者无意参与了大量的伪科学活动,如化学家黑尔、生物学家华莱士、化学家和物理学家克鲁克斯、物理学家和天文学家策尔纳、法国生理学家里歇等。这些事实说明一个问题,杰出科学家的各种研究并非都能成为科学知识体系的一部分,科学权威不能成为科学与伪科学划界的标准。

不近人情的科学精神

科学精神作为人类文明的崇高精神，它表达的是一种敢于坚持科学思想的勇气和不断探求真理的意识。

居里夫妇是科学界的伟人，他们的成就使得他们名扬世界，倍受人们瞩目。他们勇于探索和奋斗，不肯浪费时间，将全部精力投入科研之中的精神尤其值得我们学习。

为了专心从事科研，居里夫妇谢绝一切应酬，常常几十天关在屋里做试验，而不踏出家门一步。有时候工作特别忙碌，顾不上做饭吃饭，他们就在实验室里备下胡萝卜，饿了就啃几口充饥。即便这样，他们也怕浪费时间。有一次，他们收到父亲的来信，问他们需要添置什么家具。

居里先生环顾一下室内，说道："家里只有两把椅子，来了客人也没有地方坐，我看就让父亲为我们再添置一把椅子吧。"

他们虽然是著名的科学家，但是一直很节俭，过得并不富裕。而且，因为一心从事科研，他们没有精力装饰家庭，家具摆设很简陋，好几年都没有变化。

听了丈夫的话，居里夫人微微皱起眉头，说道："可是客人要是坐下来，就忙着说话，不想走啦。"

居里先生一听，想起客人来访，耽误不少科研时间的事，赞同地说："对啊，为了节约时间，还是不能让他们坐下来。"

居里夫人说："这样来看，不能添置椅子。"

夫妇俩经过商量，决定一把椅子也不添，不能让客人占用他们的时间。

就这样，居里夫妇全身心投入到科研之中，一个客人也不交往，他们这种不与人交往的作风，看起来似乎不近人情，实际上，正是这种科学精神，成就了他们了不起的科学成就。试想一下，如果他们成日结交朋友，忙于交际，哪有时间做试验、搞研究？人们对于放射性元素的认识还不知道要推后多少年。

从事科学工作，离不开科学精神，两者联系十分密切。科学活动是一个复杂的系统，包括科学研究的具体方法、科学认识的物质手段、科学成果等诸环节或方面，自然也包括科学精神在内。

科学精神不是一种具体的科学知识，而是获取科学知识的主观条件，以及凝结在科学知识中的思想。它也不是科学研究的具体方法，而是属于更高层次的方法论原则或探求真理的精神境界。它是科学活动主体的内在的精神要素，又受制于科学认识活动的规律。简单地说，科学精神由科学活动本身决定，反过来，科学精神又影响科学活动。

科学精神是体现在科学知识中的思想或理念，是人类文明的崇高精神，它表达的是一种敢于坚持科学思想的勇气和不断探求真理的意识。

哈维（1578—1657），英国医生、生理学家、胚胎学家，发现人的血液循环，标志着新的生命科学的开始。

尝尿考验弟子的观察力

观察力是指物质上或思想上的观察能力，一个人的观察力是他运用自己所有的感觉，运用所有的知觉，去收集观察对象的信息。观察能力的强弱决定着一个人智力发展的水平。

约翰·舍莱恩是德国著名的内科医生，他不但医术高超，还是位杰出的教师，培养了很多优秀的医学生。在教学工作中，他采用启发式教学方法，效果十分明显。

有一天，约翰·舍莱恩给学生们上实习课。铃声响过之后，学生们鱼贯而入，坐好了等着开始上课。约翰·舍莱恩走进教室，手里拿着一个小杯子，里面装着尿液。学生们看着老师和杯子，猜测着这节实习课不知会学什么。再看约翰·舍莱恩，他放下杯子，先对学生们说："开始上课之前，我先讲一讲作为医生应该具备的品质。一，不能有洁癖。因为我们要接触病人，如果怕脏，那么，我们就无法为病人治病。二，要有敏锐的观察力。病人的情况十分复杂微妙，如果观察不仔细，将无法正确地为病人诊治。在临床中，有些老医生为了诊断糖尿病，往往亲口尝一尝病人尿液的味道。"学生们听了这话，流露出复杂的表情。

舍莱恩看着学生们，并没有继续说话，而是毫不犹豫地把一根手指伸进尿杯，沾了尿液后，拿出来伸到嘴里舔了舔。学生们被老师的举动震惊了，一个个专心地盯着老师。这时，舍莱恩问："谁来试一试？"一名学生犹豫了半天，接着猛地站了起来,他走上前去,模仿老师的样子尝了尝尿液的味道。舍莱恩看着这名学生,摇摇头说:"你的确不怕脏,这很好。不过,你的观察力太差了。你没注意到,刚才我把中指伸进了尿杯,而舔的却是无名指。"

观察力是指物质上或思想上的观察能力,一个人的观察力是他运用自己所有的感觉,运用所有的知觉,去收集观察对象的信息。观察的对象一般包括人、物和事三大类,观察的范畴分为时间与地点、结构与功能、静态与动态等。

观察是有目的、有计划、比较持久的知觉。这是人对客观事物感性认识的一种主动表现,是有意知觉的高级形式。观察是人们认识世界、增长知识的主要手段。它在人的一切实践活动中,具有重大的作用。人们透过观察,获得大量的感性材料,获得对事物具体而鲜明的印象,是科学活动的重要方法之一。

观察力是在感知过程中形成的,并以感知为基础,脱离感知过程,也就没有观察力。如果一个人没有任何感知能力,或有感知能力而未感知任何外部对象,他都不会有观察力。观察能力的强弱决定着一个人智力发展的水平,因为观察力是智力活动的基础。

戴维·麦克利兰(1917—1998),美国社会心理学家,他发展了期望学说,并提出了著名的三种需要理论,即权力需要(the need for authority and power)、成就需要(the need for achievement)和亲和需要(the need for affiliation)。

王选新技术革命的10个梦想

现代生产迅速发展的需要，以及人类现代文明发展的多方面需要，是现代高新技术产生和发展的根本动力。

王选是中国著名科学家，长期致力于文字、图形和图像的计算机处理研究，他应用自己的发明成果开发了汉字激光照排系统并形成产业，取代了沿用上百年的铅字印刷，推动了中国报业和出版业的跨越式发展，创造了巨大的经济和社会效益。

面对巨大的荣誉和奖励，王选丝毫没有骄傲，他站在北大的领奖台上，坦诚地说："我的一生有10个梦想，5个成为现实，另外5个需要我与年轻人共同实现。"

在实现自己梦想的过程中，王选付出了极大的心血。

1974年，长期从事计算器工作的王选重病缠身，不得已回上海养病。不久，他的夫人从北京带回一个消息：电子部等五单位发起汉字信息处理技术的研究，被列入国家重点科研项目"748工程"。得知这个消息，王选再也躺不住了，多年来，攻克汉字难关一直是他的夙愿。即使躺在病床上的这些日子，他也时常思索这个问题，希冀着计算机技术和出版印刷业接轨，实现新的飞跃。

现在，国家也有这方面的打算，自己怎么能躺在床上不动呢？王选立即起身，带病返回北京，从此往返在北大和清华之间，开始了大量查阅数据的过程。

从北大到清华，每次需要 0.25 元的车票，由于缺少经费，王选总是提前下车步行一站，节约开支。

　　经过艰苦的探索和研究，王选初步提出了自己的方案。在这些日子里，他满脑子都是汉字的横竖勾划，睡觉时闭上眼睛是汉字的笔划，做梦时也是笔划，除此以外，他似乎忘记了其它一切。艰苦的工作导致他身体更加虚弱，本来有病的他说话都困难了。在这样的情况下，他参加了北京召开的汉字精密照排系统论证会。会上，他的夫人代替他发言，并展示模拟试验的结果。

　　王选的方案超出了当时人们的想象水平，因此引起很大非议。有人说它是"天方夜谭"，有人说它是数学"畅想曲"，还有人干脆说他玩数学游戏。面对这些议论，王选的夫人有些失望，回家后就说："咱们还是算了吧。"王选却很认真地回答："干！不到长城非好汉。"

　　此后，王选投入到更加具体和细致的工作中，一步步解决高倍率汉字压缩和高速不失真还原轮廓汉字等难题。又一年过去了，他的方案完成了模拟试验，获得了一致好评。于是，他担当起汉字精密照排系统的研制任务。

　　王选很快便带领同事们投入到紧张的工作中，这时，他听说全球著名的英国蒙纳公司，凭借着雄厚资金和先进技术，也正在加紧研制汉字激光照排机，想一举占领中国市场。面对压力，王选没有退缩，他默默地加快自己的工作进度，带领着一帮年轻人夜以继日地勤奋工作。1979 年，第一台样机诞生了。1985 年，新华社第一次采用新机器排出了新闻日刊。1986 年，《经济日报》成为全世界第一家采用屏幕组版、激光照排的中文日报社，并于翌年出版了中国第一张激光照排的报纸。

　　从此，汉字照排系统成功地与出版业联姻，促进了新时代的技术革命。

始于20世纪中叶的新技术革命，可称为第三次技术革命，它是在20世纪自然科学理论最新突破的基础上产生的。目前，国际上公认的并列入21世纪重点研究开发的高新技术领域，包括信息技术、生物技术、新材料技术、新能源技术、空间技术和海洋技术等。

20世纪自然科学的巨大成就，为新技术革命的产生和发展奠定了坚实的基础，人类对于物质和文明的不断需求，甚至是战争和国家间的对抗，都成为刺激和推动新技术革命的重要因素。

新技术革命的产生，对社会产生了重大影响，将人类社会的物质文明和精神文明推进到一个前所未有的新高度。他提高了人类向自然作斗争的能力，使人类获得了主动创造新生物和新生命的创造力。

然而，技术革命也带来了一系列的负面影响。生态环境恶化、自然资源损耗等，都需要人类不断地努力，去突破这些困境，让科技更好地为人类服务。

哈勃(1889—1953)，美国天文学家。星系天文学的奠基人。1926年，提出河外星系形态分类法，称为"哈勃分类"，一直沿用到今天。

人造血液引发的10个军事生物技术问题

有人预测，21世纪的科学技术将以生物技术为主导地位，迅速兴起的生物技术将在军事中扮演重要的角色。在未来的战场上，生物武器将是一支重要的威慑力量，其杀伤力甚至比原子弹更可怕。

1966年，日本造血研制专家内藤良一听说了一件奇闻：美国一位名叫克拉克的科学家在实验室将小白鼠浸入氟碳化合物溶液中，小白鼠竟然不会溺死。克拉克经过研究发现，这种溶液溶解氧气的能力比水大15倍！所以，小白鼠可以浸在里面透过液体呼吸的方式生存下来。

这项惊人的发现立即引起内藤良一极大的关注，他远渡重洋赶赴美国造访克拉克，向他请教这项发现的细枝末节。内藤良一注意到，氟碳化合物溶液强大的携氧能力，一定可以用在人造血液的研究上。他回日本后，马上投入到此项研究中。

但是，这是一条艰辛之路，内藤良一面临着巨大的困难。人造血液用在人身体内，不能有丝毫差错。所以，他必须首先解决化合物在人体内长期储留所引起的中毒问题；还要设法使溶液的颗粒非常非常微小，以免堵塞毛细血管；另外，他必须保留溶液携带氧气和运送二氧化碳的能力。三者缺一不可，哪一方面都不能出现问题。

内藤良一在科学道路上艰难攀登，历经12年的艰苦研究，终于试制成功了世界上第一批合格的人工血液制品。为了慎重起见,他首先在自己的血管内输入了50毫升这种具备携氧能力的白色血液,经过观察,没有出现任何毒性反应。接着,他在参与这项研究的其它10名同事的血管内,也输入了这种人工血液,结果,他们都安全无事。事实证明,这种血液制品是安全的,可以应用在人体内。

其后,为了保证人工血液的质量和安全,内藤良一又进行了一系列的试验,所有结果都令人满意。至此,他才放心地将氟碳化合物人造血液投入临床试用。先后有几名病人接受了这种血液治疗,其中一位严重胃出血病人体内输入了1 000毫升人造血,结果证明效果良好,没有任何毒性反应;一位手术后贫血的病人,输入相当于全身血液量四分之一的人造血,也取得了很好的效果。后来,临床上还将这种人造血来保存具有生命活力的离体肾脏,然后再将这种肾脏植入人体,也取得了成功。

一系列的临床试用证明了人造血的成功。随后一年的时间里,就有150名病危患者靠人造血液渡过了险情。

内藤良一的巨大贡献开阔了科学家们的视野,他们不满足于这种氟碳化合物人工血液只能输送氧气和运走二氧化碳,仅仅部分地代替了红细胞功能的成就,而开始将目光盯在能够研制出一种完全具有人体血液性能的人工血液上。

人造血液是生物技术领域的重大突破。有人预测,21世纪的科学技术将以生物技术为主导地位,迅速兴起的生物技术将在军事中扮演重要的角色。在未来战场上,生物武器将是一支重要的威慑力量。军事生物技术主要包括10种:

(1)基因武器。由于人类不同种群的遗传基因不一样,根据这一特性,基因武器可以选择某一种群体作为杀伤对象,而不会伤及己方。(2)生物电子装备。(3) 仿生导航系统。利用生物技术手段模拟动物的导航系统来简化军事导航系统,使其更为精准。(4) 生物炸弹。(5) 军事生物能源。比如说,用红极毛杆菌和淀粉制成氢,那么1克淀粉就可产出1毫升氢,氢和少量燃料混合即可替代汽油、柴油。这样只需要带少量的淀粉,就能保证部队的长时间远距离机动作战。(6) 军事生物传感器。把生物活性物质与信号转换电子装置结合成生物传感器,可以准确识别各种生化战剂,而且速度快,判断准。(7) 军事生物医药。生物技术可以制造新的疫苗、药物和新的医疗方法。比如上文中的人造血液。(8) 生物装具。利用生物技术就地取材提供高能量的作战军需品。(9) 仿生动力。比如科学家正在研制的"人工肌肉",可以直接把化学能转变成机械能。(10) 动物武器。利用生物工程技术,创造一些高"智商"、体力强的动物充当动物兵。

黑尔(1781—1858),美国化学家。他为美国早期化学作出了重要贡献,被公认为当时少数在美国出生的科学家中,能够与欧洲大科学家并驾齐驱的一位。然而,72岁高龄时,他转向了灵学研究。

希尔伯特的 23 个数学问题

希尔伯特的 23 个问题分属四大块：第 1 到第 6 问题是数学基础问题；第 7 到第 12 问题是数论问题；第 13 到第 18 问题属于代数和几何问题；第 19 到第 23 问题属于数学分析。

希尔伯特被称为"数学界的无冕之王"，他领导的数学学派是 19 世纪末 20 世纪初数学界的一面旗帜。1900 年 8 月 8 日，他在巴黎第二届国际数学家大会上，提出了新世纪数学家应当努力解决的 23 个数学问题，被认为是 20 世纪数学的制高点，对这些问题的研究有力推动了 20 世纪数学的发展，在世界上产生了深远的影响。

从中学时代起，希尔伯特就特别喜欢数学，善于掌握和应用老师讲课的各种内容。1880 年，中学毕业时，父亲希望他成为一名律师，但他不肯放弃自己的梦想，毅然进入哥尼斯堡大学攻读数学。4 年后，他获取博士学位，并留校工作，后来陆续获得讲师和副教授职称。1893 年，他升任正教授。1895 年，希尔伯特转入哥廷根大学，此后一直在这所名校任教。在此期间，他成为柏林科学院通讯院士，并曾获得施泰讷奖、罗巴切夫斯基奖和波约伊奖。

希尔伯特不仅是一位成就卓著的数学家，还是一位出色的老师，他讲授的课程特别吸引人，很受学生欢迎。而且，他还敢于同旧势力做斗争，以一位正直的学者而受到普遍的尊敬。其中，他努力推荐女数学家爱米·诺德的故事就非常精彩。受当时社会环境所限,爱米·诺德虽然取得博士学位,成就突出,但因为是女性,所以没有资格开课,不能做讲师,更不要说升任教授了。

希尔伯特十分欣赏诺德的才能,他到处奔走,为她争取能够上课的权力和机会。为此,学校专门组织教授大会,讨论爱米·诺德的问题。在会上,发生了激烈的争执,保守派认为女人不能讲课,不能做教授,更不可能进入大学最高学术机构。他们轮番发言,措辞非常激烈。有的教授说:"本校从来没有女讲师,这是因为让女人当讲师,以后她就有可能成为教授,甚至进大学评议会。这就是说,这所大学的最高学术机构里有女性成员,这是不可思议的。"

有的教授说:"请大家想一想,当我们的战士从战场回到课堂,发现自己竟要拜倒在女人脚下读书时,他们会作何感想呢?"大多数教授表示同样的想法,他们叫叫嚷嚷,不肯同意希尔伯特的提议。希尔伯特一直板着面孔耐心地听着,终于,他忍无可忍了,霍地站起来,坚定地反驳这些落后的言论:"先生们,我想提醒你们一点,候选人的性别绝不应成为反对她当讲师的理由。原因很简单,大学评议会毕竟不是洗澡堂!"一语落地,众位教授面面相觑,无言以对。然而,由于多数教授反对,爱米·诺德依然没有取得讲课资格。面对这种现状,希尔伯特没有放弃,而是采取了一条策略,先让爱米·诺德做自己的私人讲师,然后再次提议。经过他的不懈努力,诺德终于成为哥廷根大学第一位女讲师,后来陆续升任为副教授、正教授,在数学领域做出杰出贡献。

除了积极扶持新人外,希尔伯特还多次同反动势力对抗。第一次世界大战前夕,德国政府为了进行欺骗宣传,要求各界著名人士在《告文明世界书》上签字。希尔伯特也受到邀请,当他明白德国政府的真实目的后,断然拒绝签字。战争期间,他又公开发表文章,悼念"敌人的数学家"达布。后来,希特勒上台,推行法西斯专制,希尔伯特一如既往地抵制,并上书反对纳粹政府排斥和迫害犹太科学家的政策。

1976年,在美国数学家评选的自1940年以来美国数学的十大成就中,有三项就是希尔伯特第1、第5、第10问题的解决。由此可见,能解决希尔伯特问题,是当代数学家的无上光荣。

希尔伯特的23个问题是:(1)康托的连续统基数问题。(2)算术公理系统的无矛盾性。(3)只根据合同公理证明等底等高的两个四面体有相等之体积是不可能的。(4)两点间以直线为距离最短线问题。(5)拓扑学成为李群的条件(拓扑群)。(6)对数学起重要作用的物理学的公理化。(7)某些数的超越性的证明。(8)素数分布问题,尤其对黎曼猜想、哥德巴赫猜想和孪生素共问题。(9)一般互反律在任意数域中的证明。(10)能否透过有限步骤来判定不定方程是否存在有理整数解?(11)一般代数数域内的二次型论。(12)类域的构成问题。(13)一般七次代数方程以二变量连续函数之组合求解的不可能性。(14)某些完备函数系的有限的证明。(15)建立代数几何学的基础。(16)代数曲线和曲面的拓扑研究。(17)半正定形式的平方和表示。(18)用全等多面体构造空间。(19)正则变分问题的解是否总是解析函数?(20)研究一般边值问题。(21)具有给定奇点和单值群的Fuchs类的线性微分方程解的存在性证明。(22)用自守函数将解析函数单值化。(23)发展变分学方法的研究。

德弗里斯(1848—1935),荷兰植物学家和遗传学家。是门德尔定律的三个重新发现者之一。主要著作有《突变论》、《物种和变种,它们透过突变而起源》等。

哪里有怀疑，哪里就有自由

科学与巫术的斗争，其实也就是思想与灵魂的斗争，这种斗争，必将永远进行下去，这是科学前进的动力。

在科学史上，提起英国动植物学家华莱士，人们往往将他与伟大的科学家达尔文联系在一起。这是因为他们两人同时提出了物种起源学说。1858年他与达尔文一起在林耐学会宣读他们的进化理论，是当时知名度很高的科学家。

然而，华莱士同时却是一个热衷于灵学的人。他热衷于催眠术，并进行了一系列有关的实验证实催眠术的真实性，在1875年还出版《论奇迹和现代心灵论》一书。有一次，华莱士受到古比夫妇邀请，参观了他们夫妇和神灵在一起照的相，在古比太太的背后有一个女人模糊的影子，披着白纱，摆着祝福的姿势，华莱士相信这确实是神灵显现，因为他了解古比夫妇，他们是不会欺骗他的。他说："他们就像自然科学方面的真挚的真理探索者一样，是不能干出这种骗人的勾当来的。"然而不久，这位摄影师就因为伪造神灵照片而被人公开检举。

此后，华莱士却更加专注于催眠术等问题研究，试图证明巫术与科学一样，也是自然界不可避免的现象。他坚信第四度空间的存在，甚至宣布说他已经证实了在那里火是不能伤害人体的。

无独有偶，曾经发明光电管，发现化学元素铊的英国化学家和物理学家克鲁克斯，也醉心于心灵现象，从1871年开始，他担任了英国心灵研究会第四任主席。当时,有位名叫库克的姑娘声称神灵附体,使得许多人为之倾倒。克鲁克斯于是对她进行"科学"的全面测试,力图证实四度空间的一切细节。他说:"作为一个实验物理学家,如果能够用经验的观察,证实了神灵的存在,只求一次成功,哪怕失败百次又何妨?"

在中国,巫术也是一种被惯常使用的方法。汉代时,董仲舒创立了祈雨、祈晴法。这个方法就是原始巫术利用新的科学发现获得新生的最初、最显著的事例。

董仲舒造了土龙,捉几只蛤蟆放入水中,表示向天界求水。同时,他认为雨天是阴天,应该焚烧雄鸡、公猪等阳性物体,并把这种做法叫做"开阴闭阳",他认为这样一来,通过制造一定的气场就能达到求雨的目的。同样,要是祈晴,就不许代表阴性的妇女外出,同时击鼓,叫做"以阳动阳"。这个方法现在看来十分愚昧,然而,从另一方面来看,古老的巫术——祈雨在这个过程中,其实获得了阴阳二气以类相感的新科学的形式。

科学与巫术的关系一直是个永恒的话题。有人说,科学与巫术一直不停地在斗争,这是是思想与灵魂的斗争,这种斗争,必将永远进行下去,这是科学前进的动力。也有人说,科学与巫术其实是两兄弟,他们分别是自由与上帝和撒旦生下来的孩子。究竟为何,殊无定论。

但无可否认的是,人类的早期文明全都成长于巫术文明之中。对世界的无知让古代人类充满了对大自然的敬畏,于是,他们在自己的脑海中构想出无所不能的神的存在,他随心所欲,将世界玩弄于股掌。等到人们慢慢开始了解这个世界,他们就开始鼓起勇气,大着胆子地说:"嘿!原来是这样的啊!"于是,人们有了科学。可惜的是,尽管科学发展的如此快,却还未能穷尽这个世界的道理,于是巫术总是不会消亡,因为,它会用一种大家都不懂的方式解释还未被了解的世界。

归根到底,巫术的存在不过是对于未知的恐惧与探究。探究得越多,就会发现未知的更多。就好像一个圆,你的圆越大,圆外的不可知就更大。更多的未知带来了更多的敬畏,让人越发确信神的存在。在这点上,巫术和科学是一样的。科学也不过是对种种未知的探究,唯一不同的是,科学的目的是解释,而巫术的目的是崇拜。

翻开科学史就可以发现,科学与巫术从来就没有彻底地分开过。别忘了,炼金术正是现代化学的始祖,而天文学又岂敢说它没有从古老的占星术中获得过灵感。

也许,随着科学的不断发展,有一天我们会惊讶地发现,科学与巫术也会"殊途同归",走向同一个未来。借用一句拉丁谚语吧:"哪里有怀疑,哪里就有自由。"

拉普拉斯(1749—1827),法国著名的天文学家和数学家,天体力学的集大成者。拉普拉斯用数学方法证明了行星的轨道大小只有周期性变化,这就是著名拉普拉斯的定理。